Koreanisch für absolute Anfänger

Yushin Ra

Koreanisch für absolute Anfänger

... kinderleicht für Erwachsene

Übungsbuch mit Lösungen

Schmetterling Verlag

Bibliografische Informationen der Deutschen Nationalbibliothek
Die Deutsche Nationalbibliothek verzeichnet diese Publikation in der Deutschen Nationalbibliografie; detaillierte Daten sind im Internet über http://dnb.d-nb.de abrufbar.

Die Lösungen zu diesem Buch finden Sie online unter:

www.schmetterling-verlag.de

Schmetterling Verlag GmbH
Libanonstr. 72A
70184 Stuttgart
www.schmetterling-verlag.de
Der Schmetterling Verlag ist Mitglied von aLiVe.

ISBN 3-89657-407-8
1. Auflage 2021
Printed in Bulgaria

Satz und Reproduktionen: Schmetterling Verlag
Druck: Multiprint, Kostinbrod

Inhalt

Lösungen online unter: www.schmetterling-verlag.de

Lektion 1

Hangeul – das koreanische Alphabet

1. Üben Sie anhand der Vorlage die koreanischen Vokale.

> ☛ In der Regel schreibt man von links nach rechts, von oben nach unten.

ㅏ	ㅏ									
ㅑ	ㅑ									
ㅓ	ㅓ									
ㅕ	ㅕ									
ㅗ	ㅗ									
ㅛ	ㅛ									
ㅜ	ㅜ									
ㅠ	ㅠ									
ㅡ	ㅡ									
ㅣ	ㅣ									

2. Üben Sie anhand der Vorlage die koreanischen Konsonanten.

ㄱ	ㄱ									
ㄴ	ㄴ									
ㄷ	ㄷ									

ㄹ	ㄹ									
ㅁ	ㅁ									
ㅂ	ㅂ									
ㅅ	ㅅ									
ㅇ	ㅇ									
ㅈ	ㅈ									
ㅊ	ㅊ									
ㅋ	ㅋ									
ㅌ	ㅌ									
ㅍ	ㅍ									
ㅎ	ㅎ									

3. Nehmen Sie jeweils einen Buchstaben aus der Konsonant- und aus der Vokal-Spalte und bilden Sie daraus eine Silbe.

- ㄱ hat eine weitere graphische Form: ㄱ. In der Regel schreibt man ㄱ, wenn der Vokal in der Silbe horizontal oder gemischt ist, und ㄱ, wenn der Vokal vertikal ist.
- ㅈ und ㅊ haben eine weitere graphische Form: ㅈ und ㅊ. Diese alternativen Formen können beliebig verwendet werden.

	ㅏ	ㅑ	ㅓ	ㅕ	ㅗ	ㅛ	ㅜ	ㅠ	ㅡ	ㅣ
ㄱ	가	갸	거	겨	고	교	구	규	그	기
ㄴ		냐								
ㄷ										
ㄹ						료				
ㅁ										
ㅂ										
ㅅ			서							
ㅇ										
ㅈ										
ㅊ										
ㅋ							쿠			
ㅌ										
ㅍ										
ㅎ										

4. Setzen Sie die Buchstaben zu Silben zusammen und lesen Sie diese laut vor.

1. ㅇ + ㅏ = 아
2. ㄴ + ㅗ =
3. ㅋ + ㅣ =
4. ㄱ + ㅡ =

5.	ㅎ	+	ㅕ	=				
6.	ㄷ	+	ㅓ	=				
7.	ㅂ	+	ㅜ	=				
8.	ㅍ	+	ㅕ	=				
9.	ㄹ	+	ㅛ	=				

10.	ㅁ	+	ㅠ	=	
11.	ㅅ	+	ㅑ	=	
12.	ㅈ	+	ㅗ	=	
13.	ㅊ	+	ㅣ	=	
14.	ㅋ	+	ㅓ	=	

5. Üben Sie die Doppelkonsonanten.

ㄲ	ㄲ									
ㄸ	ㄸ									
ㅃ	ㅃ									
ㅆ	ㅆ									
ㅉ	ㅉ									

6. Setzen Sie die Buchstaben zu Silben zusammen und lesen Sie diese laut vor.

1.	ㄲ	+	ㅣ	=	
2.	ㄸ	+	ㅗ	=	
3.	ㅃ	+	ㅜ	=	
4.	ㅆ	+	ㅏ	=	
5.	ㅉ	+	ㅓ	=	

7. Üben Sie diese erweiterten Vokale.

ㅐ									
ㅒ									
ㅔ									
ㅖ									
ㅢ									

8. Setzen Sie die Buchstaben zu Silben zusammen und lesen Sie diese laut vor.

1.	ㄱ	+	ㅐ	=	
2.	ㄴ	+	ㅒ	=	
3.	ㄷ	+	ㅔ	=	
4.	ㄹ	+	ㅖ	=	
5.	ㅇ	+	ㅢ	=	

9. Üben Sie diese erweiterten Vokale.

ㅘ										
ㅟ										
ㅚ										
ㅙ										
ㅞ										

10. Setzen Sie die Buchstaben zu Silben zusammen und lesen Sie diese laut vor.

1.	ㄱ	+	ㅘ	=	
2.	ㄴ	+	ㅟ	=	
3.	ㅎ	+	ㅚ	=	
4.	ㅅ	+	ㅙ	=	
5.	ㅇ	+	ㅞ	=	

11. Sortieren Sie die Vokale und die Konsonanten.

ㅑ ㅊ ㅏ ㄴ ㅙ ㅓ
ㅟ ㅃ ㄹ ㅣ ㅌ ㅢ ㅎ ㅛ
ㅜ ㅇ ㅆ ㅍ ㅅ ㅞ ㅠ ㄹ ㅘ ㅁ
ㅗ ㄱ ㅑ ㄲ ㅔ ㅚ ㄸ ㅂ ㅈ ㅕ
ㅐ ㅖ ㅋ ㅡ ㅉ ㅒ

Vokal	Konsonant

12. Was passt nicht in die Reihe?

1.	ㄴ	ㄹ	ㅁ	ㅜ
2.	ㅎ	ㄱ	ㅔ	ㅁ
3.	ㅡ	ㅋ	ㅍ	ㅂ
4.	ㅒ	ㅇ	ㅣ	ㅖ
5.	ㅙ	ㅞ	ㅚ	ㄹ
6.	ㅌ	ㅍ	ㅘ	ㅁ
7.	ㅏ	ㅑ	ㅊ	ㅣ
8.	ㅈ	ㅜ	ㅠ	ㅟ
9.	ㅐ	ㅅ	ㅔ	ㅗ
10.	ㅗ	ㅛ	ㅠ	ㅂ

13. Verbinden Sie die beiden Silben, die mit demselben Laut anfangen.

1. 서	o	o	라
2. 베	o	o	뻐
3. 엄	o	o	쬐
4. 푸	o	o	채
5. 로	o	o	소
6. 터	o	o	퍼
7. 쩨	o	o	이
8. 빼	o	o	벼
9. 취	o	o	후
10. 혜	o	o	트

14. Verbinden Sie die zwei Silben, die denselben Vokal beinhalten.

1. 국	o	o	즉
2. 표	o	o	정
3. 성	o	o	번
4. 와	o	o	핵
5. 재	o	o	축
6. 령	o	o	료
7. 골	o	o	관
8. 흐	o	o	횡
9. 머	o	o	녁
10. 외	o	o	보

15. Ordnen Sie in die Kästen unten die Silben ein, deren letzter Buchstabe (Batchim) auf denselben Laut endet wie die Silben in den Kästen.

낚 랑 앗 밥 찾 넉 푼 말 탔 곰 엌 낯 큰 겉 올 갬 멍 앞 붇 좋

강	감	갈
	갓	
갚	간	각

16. Setzen Sie die Buchstaben zu Silben zusammen und lesen Sie diese laut vor.

1.	ㄱ	+	ㅏ	+	ㄴ	=	간
2.	ㄴ	+	ㅗ	+	ㅁ	=	
3.	ㄷ	+	ㅣ	+	ㅍ	=	
4.	ㄹ	+	ㅗ	+	ㄱ	=	
5.	ㅁ	+	ㅚ	+	ㅅ	=	
6.	ㅂ	+	ㅣ	+	ㅊ	=	
7.	ㅅ	+	ㅜ	+	ㄷ	=	
8.	ㅇ	+	ㅓ	+	ㅊ	=	
9.	ㅈ	+	ㅔ	+	ㄹ	=	
10.	ㅊ	+	ㅙ	+	ㄴ	=	
11.	ㅋ	+	ㅏ	+	ㅋ	=	
12.	ㅌ	+	ㅗ	+	ㅅ	=	
13.	ㅍ	+	ㅣ	+	ㅂ	=	
14.	ㅎ	+	ㅚ	+	ㄱ	=	
15.	ㄲ	+	ㅓ	+	ㅂ	=	
16.	ㄸ	+	ㅡ	+	ㅅ	=	
17.	ㅃ	+	ㅜ	+	ㅁ	=	
18.	ㅆ	+	ㅞ	+	ㄹ	=	
19.	ㅉ	+	ㅏ	+	ㅍ	=	

17. Suchen Sie die Silbe aus, deren letzter Buchstabe (d.h. Batchim) denselben Laut hat.

1. 각: 1) 랑 2) 홀 3) 눅 4) 밥
2. 몇: 1) 빈 2) 했 3) 털 4) 밥
3. 심: 1) 랑 2) 날 3) 국 4) 점
4. 늘: 1) 랑 2) 졸 3) 눅 4) 밥
5. 었: 1) 랑 2) 돔 3) 밑 4) 밥
6. 진: 1) 랑 2) 앞 3) 헛 4) 탄
7. 랔: 1) 랑 2) 각 3) 혁 4) 밥

8. 풍: 1) 랑 2) 톳 3) 눅 4) 곱

9. 낚: 1) 랑 2) 악 3) 옷 4) 협

10. 같: 1) 랑 2) 넉 3) 옷 4) 숍

11. 밭: 1) 랑 2) 운 3) 눅 4) 갓

12. 엌: 1) 혹 2) 펼 3) 명 4) 밥

13. 잣: 1) 랑 2) 낚 3) 톤 4) 얗

14. 넙: 1) 랑 2) 졸 3) 엄 4) 엷

15. 낮: 1) 랑 2) 닫 3) 눅 4) 심

18. Richtig oder falsch?

		R	F
1.	Eine Silbe muss mindestens einen Konsonanten und einen Vokal haben.	☐	☐
2.	Ein Vokal kann als Batchim verwendet werden.	☐	☐
3.	Das erste Buchstabe in einer Silbe kann ein Vokal sein.	☐	☐
4.	Es gibt insgesamt sieben unterschiedliche Laute für das Batchim.	☐	☐
5.	Das ㅜ in der Silbe 쉬 ist ein Batchim.	☐	☐

Lektion 2

Was heißt das?

1. Was heißt das auf Koreanisch?

1. . . . . 2. . . . . 3. . . . . 4. . . . .

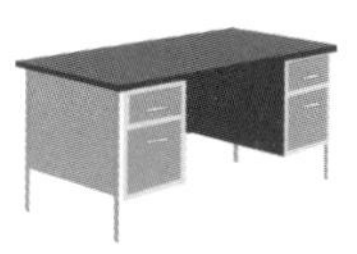

5. . . . . 6. . . . . 7. . . . . 8. . . . .

의자	컴퓨터	두부	책
가방	책상	김치	창문

2. Tragen Sie in die Lücke entweder -이에요 oder -예요 ein.

1. 컴퓨터. . . . .
2. 김치. . . . .
3. 책. . . . .
4. 의자. . . . .
5. 책상. . . . .
6. 두부. . . . .
7. 가방. . . . .
8. 창문. . . . .
9. 뭐. . . . .

3. Antworten Sie auf die Fragen.

1. 이게 뭐예요?

. . . .

2. 이게 뭐예요?

. . . .

3. 이게 뭐예요?

. . . .

4. 이게 뭐예요?

. . . .

5. 이게 뭐예요?

. . . .

4. Tragen Sie entweder 이게 oder 저게 ein.

1. . . . . 뭐예요?

2. . . . . 뭐예요?

4. . . . . 뭐예요?

5. . . . . 뭐예요?

3. .... 뭐예요?

6. .... 뭐예요?

5. Übersetzen Sie die Sätze ins Koreanische.

1. Was ist das hier?

....

2. Das ist eine Tasche.

....

3. Was heißt das auf Koreanisch?

....

4. Dankeschön!

....

5. Was ist das dort?

....

6. Das ist ein Buch.

....

7. Das ist Tofu.

....

8. Das dort ist ein Schreibtisch.

....

Lektion 3

1. Schreiben Sie unter das Bild das passende Wort.

모자	시계	침대	옷	핸드폰	연필

1. . . . . 2. . . . . 3. . . . .

4. . . . . 5. . . . . 6. .. . .

2. -이 oder -가?

1. 경찰. . . . .
2. 시계. . . . .
3. 공무원. . . . .
4. 모자. . . . .
5. 핸드폰. . . . .
6. 기술자. . . . .
7. 선생님. . . . .
8. 연필. . . . .
9. 요리사. . . . .
10. 의사. . . . .

3. Antworten Sie auf diese Frage: 이름이 뭐예요?

1. 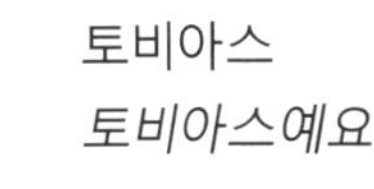

토비아스

토비아스예요.

2. 수진

. . . .

3.  미하엘

. . . .

4.  리나

. . . .

4. Setzen Sie einen Nominativ-Marker ein.

1. 토마스. . . . .   학생이에요.
2. 다니엘라. . . . .   기술자예요.
3. 수잔. . . . .   선생님이에요.
4. 파스칼. . . . .   의사예요.
5. 로베르트. . . . .   공무원이에요.
6. 미리암. . . . .   요리사예요.

5. Antworten Sie auf diese Frage unter Verwendung der angegebenen Wörter: 직업이 뭐예요?

요리사	선생님	의사	회사원	학생	경찰	공무원	기술자

1.  레나

레나가 경찰이에요.

2.  미하엘

. . . .

3.  니나

. . . .

4.  아일린

. . . .

5.  후세인

. . . .

6.  다니

. . . .

7.  사라

. . . .

8.  빌헬름

. . . .

6. Übersetzen Sie die Sätze ins Koreanische.

1. Wie heißen Sie?

. . . .

2. Was ist Ihr Beruf?

. . . .

3. Ich freue mich Sie kennenzulernen.

. . . .

4. Mira ist Lehrerin.

. . . .

5. Ich auch.

....

6. Lena ist Köchin.

....

7. Robert ist Ingenieur.

....

8. Minsu ist Polizist.

....

■ Lektion 4

1. Schreiben Sie unter das Bild das passende Wort.

남자	여자	공책	운동화	펜	사람

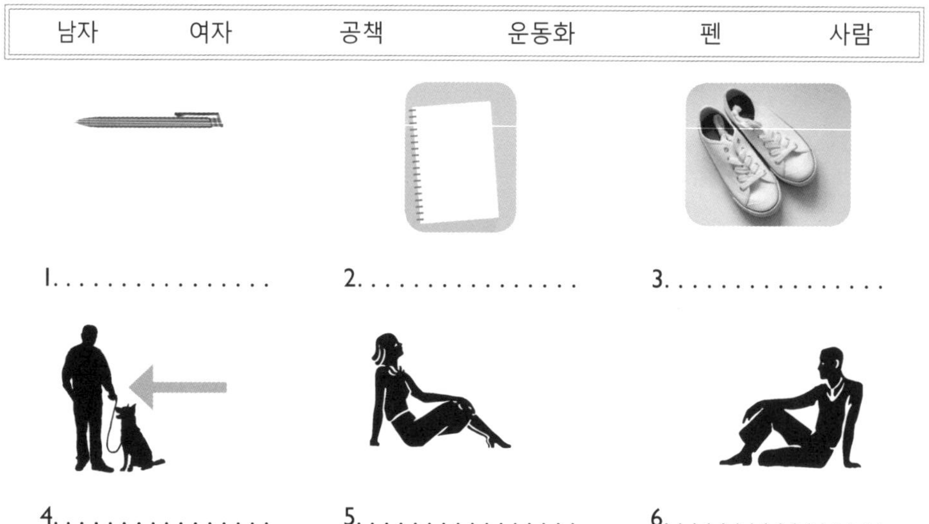

1. .... 2. .... 3. ....

4. .... 5. .... 6. ....

2. Schreiben Sie unter das Bild das passende Wort.

> ☛ Sie können für diese Aufgabe und generell, wo nötig, ein Wörterbuch wie z.B. Naver verwenden (dt. Variante: https://dict.naver.com/dekodict/deutsch/#/main).

Vokabelhilfe:
북한: Nordkorea

1.  . . . . 2.  . . . . 3. . . . .

4.  . . . . 5. . . . . 6. . . . .

7.  . . . . 8.  . . . . 9. . . . .

10. . . . . 11.  . . . . 12. . . . .

한국	미국	터키	일본	북한	러시아
독일	캐나다	중국	영국	프랑스	카메룬

3. Antworten Sie auf die Fragen.

1.  

가: 미국 사람이에요?
나: 아니요, 미국 사람이 아니에요.
터키 사람이에요.

2.  

가: 영국 사람이에요?
나: . . . .
. . . .

3. 가: 프랑스 사람이에요?
나: ....
....

4. 가: 독일 사람이에요?
나: ....
....

5. 가: 한국 사람이에요?
나: ....
....

6. 가: 중국 사람이에요?
나: ....
....

7. 가: 캐나다 사람이에요?
나: ....
....

8. 가: 터키 사람이에요?
나: ....
....

9: 가: 일본 사람이에요?
나: ....
....

4. Antworten Sie auf die Fragen.

사나에

줄리아

민혁

잉

1. 가: *이분이 미에코 씨예요?*
나: *아니요, 미에코 씨가 아니에요.*
수잔 씨예요.

2. 가: 이분이 호세인 씨예요?
나: ....
....

3. 가: 이분이 잉 씨예요?
나: ....
....

4. 가: 이분이 니나 씨예요?
나: ....
....

5. 가: 이분이 라우라 씨예요?
나: ....
....

6. 가: 이분이 토니 씨예요?
나: ....
....

7. 가: 이분이 찬오 씨예요?
나: ....
....

8. 가: 이분이 미하엘 씨예요?
나: ....
....

9. 가: 이분이 사나에 씨예요?
나: ....
....

5. Antworten Sie auf die Fragen.

1. 가: 이게 옷이에요?
나: ....
....

2. 가: 이게 책상이에요?
나: ....
....

3. 가: 이게 의자예요?
나: ....
....

4. 가: 이게 공책이에요?
나: ....
....

5. 가: 이게 모자예요?
나: ....
....

6. 가: 이게 책이에요?
나: ....
....

7. 가: 이게 연필이에요?
나: ....
....

8. 가: 이게 구두예요?
나: ....
....

Vokabelhilfe:
구두: feine Schuhe

6. Übersetzen Sie die Sätze ins Koreanische.

Vokabelhilfe:
문: Tür

1. Woher kommen Sie? (Staatsangehörigkeit)

....

2. Ist diese Person Frau Sujin?

....

3. Ist das ein Kugelschreiber?

....

4. Herr Chan-Hyeok ist Koreaner. Er ist kein Chinese.

....

5. Das ist keine Tür. Das ist ein Fenster.

....

6. Thomas ist Deutscher.

....

7. Ist Daniel Kameruner?

....

8. Murakami ist Japaner. Er ist kein Amerikaner.

....

Lektion 5

1. Wie heißen diese Wörter auf Koreanisch?

누나	아내	아들	아버지	
어머니	형	오빠	언니	할아버지
남편	할머니	동생	딸	

1. Vater:

 . . . .

2. Großvater:

 . . . .

3. Ältere Schwester eines Mannes:

 . . . .

4. Ältere Schwester einer Frau:

 . . . .

5. Jüngeres Geschwister:

 . . . .

6. Ehefrau:

 . . . .

7. Sohn:

 . . . .

8. Mutter:

 . . . .

9. Großmutter:

 . . . .

10. Älterer Bruder eines Mannes:

 . . . .

11. Älterer Bruder einer Frau:

 . . . .

12. Ehemann:

 . . . .

13. Tochter:

 . . . .

Vokabelhilfe:

할아버지: Großvater
할머니: Großmutter

2. Finden Sie die passende Übersetzung und schreiben Sie die Possessivpronomen dazu.

	Personalpronomen	Personalpronomen	Possessivpronomen
1.	ich	• 이분	. . . .
2.	du	• 나	. . . .
3.	er	• 너	. . . .
4.	sie (Sg.)	• 그녀	. . . .
5.	sie (Pl.)	• 너희	. . . .

6.	wir	• 우리	....
7.	ihr	• 저	....
8.	Sie (Sg., höfl.)	• 여러분	....
9.	Sie (Pl., höfl.)	• 당신	....
		• 그	....
		• 저분	....
		• 이분들	....
		• 저희	....

Vokabelhilfe:

고등학생: Oberschüler 중학생: Schüler (7.-9. Klasse)
대학생: Student

3. -는 oder -은?

1. 저......... 고등학생이에요.
2. 형......... 기술자예요.
3. 누나......... 선생님이에요.
4. 동생......... 중학생이에요.
5. 남편......... 요리사예요.
6. 아내......... 의사예요.
7. 오빠......... 대학생이에요.
8. 언니......... 회사원이에요.
9. 아들......... 공무원이에요.
10. 딸......... 가정주부예요.

4. Welche Variante ist richtig?

Vokabelhilfe:

정도진: koreanischer Name
고향: Heimat
이것: (Demonstrativpronomen) das hier

1. 이분은 □ 제 / □ 저 어머니예요.
2. □ 제 / □ 저는 토마스예요.
3. 이게 □ 나 / □ 내 가방이에요.
4. □ 저분의 / □ 저분이 정도진 선생님이에요.
5. □ 이분의 / □ 이분이 제 할아버지예요.
6. □ 우리 / □ 우리는 아버지는 회사원이에요.
7. □ 누나의 / □ 누나는 직업은 공무원이에요.
8. 제 □ 아내의 / □ 아내는 독일 사람이에요.
9. □ 남편의 / □ 남편은 고향은 한국이에요.
10. 이것은 □ 저분이 / □ 저분의 책이에요.

5. Füllen Sie der Übersetzung entsprechend die Lücke aus.

1. Das ist mein Vater. Er ist Lehrer.
   이분이 제 아버지예요. . . . . 는 선생님이에요.

2. Guten Tag! Ich bin Uli.
   안녕하세요? . . . . 는 울리예요.

3. Yujin, was ist dein Beruf?
   . . . . 의 직업은 뭐예요?

4. Wer ist diese Person?
   . . . . 이 누구예요?

5. Der Mann dort ist mein jüngerer Bruder. Er ist Ingenieur.
   저 남자가 제 남동생이에요. . . . . 은 기술자예요.

6. Der Mensch dort ist meine große Schwester. Sie ist Polizistin.
   저 사람이 제 언니예요. . . . . 는 경찰관이에요.

7. 가: Aus welchem Land kommen diese Personen?
   이분들은 어느 나라 사람이에요?
   나: Sie sind Japaner.
   . . . . 은 일본 사람들이에요.

8. Kennen Sie das Kind? Es ist Frau Kims Tochter.
   저 아이 알아요? . . . . 가 김 선생님의 딸이에요.

9. Das ist mein Mann. Sein Beruf ist Angestellter.
   이 사람은 제 남편이에요. . . . . 의 직업은 회사원이에요.

10. Das ist meine Mutter. Ihr Beruf ist Beamte.
    이분은 제 어머니예요. . . . . 의 직업은 공무원이에요.

6. Bildeen Sie Formulierungen wie im Beispiel.

Beispiel / 보기: 형, 책: 형의 책

1. 누나, 의자: ....
2. 어머니, 직업: ....
3. 언니, 이름: ....
4. 저, 이름: ....
5. 나, 직업: ....
6. 할아버지, 신문: ....
7. 할머니, 침대: ....
8. 한국, 수도: ....
9. 독일, 대통령: ....
10. 저, 아버지: ....

Vokabelhilfe:

신문: Zeitung
수도: Hauptstadt
대통령: Präsident

7. Bilden Sie Sätze wie im Beispiel.

보기: 제, 는, 언니, 예요, 의사: 제 언니는 의사예요.

1. 오빠, 제, 예요, 요리사, 는: ....
2. 토마스 씨, 은, 기술자, 의, 형, 예요: ....
3. 이에요, 은, 유나 씨, 공무원, 동생, 의: ....
4. 직업, 의, 아버지, 이에요, 은, 경찰: ....
5. 예요, 율리아, 은, 의, 언니, 이름: ....
6. 이게, 예요, 할아버지, 의자, 의: ....
7. 가방, 제, 저게, 이에요: ....
8. 라우라, 예요, 친구, 내, 는: ....
9. 수도, 한국, 의, 는, 이에요, 서울: ....
10. 독일, 이에요, 의, 베를린, 는, 수도: ....

8. ***Ich*** **wird nach den Personen auf den Bildern gefragt. Antworten Sie anstelle des** ***Ich*** **auf die Fragen (passend zu den Bildern nummeriert).**

1. 이분은 누구예요? ....
   언니의 이름은 뭐예요? ....
   언니의 직업은 뭐예요? ....

2. 이 사람은 누구예요? ....
   동생의 이름은 뭐예요? ....
   동생의 직업은 뭐예요? ....

3. 이분은 누구예요? ....
   할머니의 성함은 뭐예요? ....

4. 이분은 누구예요? ....
   어머니의 성함은 뭐예요? ....
   어머니의 직업은 뭐예요? ....

5. 이분은 누구예요? ....
   친구의 이름은 뭐예요? ....
   친구의 직업은 뭐예요? ....

9. Ergänzen Sie -은, -는 oder -의.

1. 이분. . . . . 누구예요?
2. 이게 제 형. . . . . 가방이에요.
3. 저게 제 어머니 . . . . 책상이에요.
4. 미하엘 씨. . . . . 직업. . . . . 뭐예요?
5. 형. . . . . 이름. . . . . 뭐예요?
6. 이 사람. . . . . 제 아내예요. 제 아내. . . . . 이름 . . . . 지크리트예요. 제 아내. . . . . 기술자예요.
7. 이 사람. . . . . 따줌이에요. 따줌. . . . . 직업은 태권도 선생님이에요. 따줌. . . . . 카메룬 사람이에요.
8. 이 사람. . . . . 제 남편이에요. 제 남편. . . . . 이름 . . . . 로베르트예요. 제 남편. . . . . 직업. . . . . 선생님이에요.
9. 이 사람. . . . . 니나예요. 니나. . . . . 제 친구예요. 니나 . . . . 직업은 가정주부예요.
10. 저. . . . . 이름. . . . . 다니엘라예요. 저. . . . . 공무원이에요.

10. Übersetzen Sie die Sätze ins Koreanische.

1. Ich bin Thomas.

. . . .

2. Ich bin Angestellte.

. . . .

3. Ich bin Deutscher.

. . . .

4. Wer ist diese Person?

. . . .

5. Diese Person ist mein großer Bruder.

. . . .

6. Der Name meiner jüngeren Schwester ist Sabrina.

....

7. Das ist der Schreibtisch meines Großvaters.

....

8. Der Beruf meiner älteren Schwester ist Beamte.

....

9. Wilhelms Sohn ist Ingenieur.

....

10. Die Tochter meiner Oma ist meine Mutter.

....

11. Stellen Sie bitte wie im Beispiel Sie und Ihre Familie vor.

보기:

안녕하세요? 제 이름은 바네사예요. 저는 독일 사람이에요. 저는 학생이에요.
제 어머니의 성함은 캐서린이에요. 어머니는 선생님이에요. 어머니는 독일 사람이 아니에요. 미국 사람이에요.
제 아버지의 성함은 클라우스예요. 아버지는 독일 사람이에요. 아버지의 직업은 공무원이에요.
제 오빠의 이름은 한스예요. 오빠는 대학생이에요.
만나서 반가워요

Lektion 6

I. Wie heißen diese Lebensmittel auf Koreanisch?

인삼차	맥주	물	오렌지주스	유자차
콜라	빵	햄버거	탄산수	생강차
카푸치노	사과	바나나	녹차	

1. . . . . 2. . . . . 3. . . . . 4. . . . .

5. . . . . 6. . . . . 7. . . . . 8. . . . .

9. . . . . 10. . . . . 11. . . . . 12. . . . .

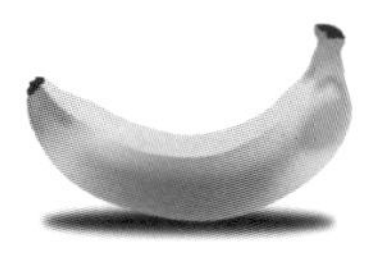

13. . . . . 14. . . . .

2. Was haben Sie und was nicht? Antworten Sie auf die Fragen!

Vokabelhilfe:

텔레비전: TV
라디오: Radio
볼펜: Kugelschreiber

1.	책이 있어요?	네, (책이) 있어요.
2.	핸드폰이 있어요?	....
3.	가방이 있어요?	....
4.	창문이 있어요?	....
5.	바나나가 있어요?	....
6.	책상이 있어요?	....
7.	물이 있어요?	....
8.	시계가 있어요?	....
9.	볼펜이 있어요?	....
10.	공책이 있어요?	....
11.	옷이 있어요?	....
12.	텔레비전이 있어요?	....
13.	침대가 있어요?	....

14. 운동화가 있어요? ....

15. 연필이 있어요? ....

16. 신문이 있어요? ....

17. 컴퓨터가 있어요? ....

18. 의자가 있어요? ....

19. 모자가 있어요? ....

20. 라디오가 있어요? ....

3. Ein Rollenspiel zu zweit – Kunde und Bedienung. Kunde fragt danach, ob ein Getränk vorhanden ist, und Bedienung antwortet (s. Menü).

MENÜ

커피	5,000원
인삼차	8,000원
유자차	8,000원
녹차	8,000원
생강차	8,000원
콜라	8,000원
사이다	8,000원
우유	8,000원
맥주	8,000원

Vokabelhilfe:

사이다: Sprite
우유: Milch
맥주: Bier
포도주: Wein
에스프레소: Espresso
홍차: schwarzer Tee
환타: Fanta
사과주스: Apfelsaft

1.	커피:	*커피 있어요?*	*네, (커피) 있어요.*
2.	인삼차:	....	....
3.	콜라:	....	....
4.	사이다:	....	....
5.	포도주:	....	....
6.	에스프레소:	....	....
7.	맥주:	....	....
8.	녹차:	....	....
9.	우유:	....	....
10.	홍차:	....	....
11.	생강차:	....	....
12.	유자차:	....	....
13.	환타:	....	....
14.	사과주스:	....	....

4. Ordnen Sie die Sätze in den Dialogen.

1.
- 어서 오세요! 뭐 드릴까요?
- 알겠습니다.
- 콜라 있어요?
- 콜라 주세요.
- 네, 있어요.

⇨

가: ....
나: ....
가: ....
나: ....
가: ....

2.
- 뭐 드릴까요?
- 오렌지 주스 주세요.
- 오렌지 주스 있어요?
- 네, 알겠습니다.
- 네, 있어요.

⇨

가: ....
나: ....
가: ....
나: ....
가: ....

3.
- 생강차 있어요?
- 미안해요. 생강차는 없어요.
- 어서 오세요! 뭐 드릴까요?
- 그럼, 녹차 주세요.
- 네, 알겠습니다.

⇨

가: ....
나: ....
가: ....
나: ....
가: ....

4.
- 안녕하세요?
- 잘 지냈어요?
- 저도 잘 지냈어요.
- 네, 잘 지냈어요. 유나 씨는요?
- 안녕하세요?

⇨

가: ....
나: ....
가: ....
나: ....
가: ....

5.
- 죄송합니다. 코코아가 없어요.
- 네, 카페라테는 있어요.
- 네, 감사합니다.
- 코코아 있어요?
- 그럼, 카페라테 주세요.
- 그럼, 카페라테 있어요?
- 뭐 드릴까요?

⇨

가: ....
나: ....
가: ....
나: ....
가: ....
가: ....
나: ....

Vokabelhilfe:

카페라테: Caffè Latte
코코아: Kakao

5. Schreiben Sie passende Antworten.

6. Übersetzen Sie die Sätze ins Koreanische.

1. Geht es dir gut? [allgemein]

....

2. Mir geht es gut. [allgemein] Und dir, Yuna?

....

3. Wir haben keine Cola.

....

4. Es gibt keinen Apfel.

....

5. Was darf es sein?

....

6. Tschüss! [wenn Sie gehen]

. . . .

7. Auf Wiedersehen! [wenn Sie bleiben]

. . . .

8. Es tut mir leid.

. . . .

9. Haben Sie Kaffee?

. . . .

10. Geht es dir gut? [zu einem bestimmten Zeitpunkt]

. . . .

Lektion 7

Vokabelhilfe:

커피숍/카페: Café
영화관/극장: Kino

I. Was heißt das auf Koreanisch?

커피숍/카페	식당	공원	도서관	영화관/극장		
교실	거실	회사	학교	옷장	집	병원

1. . . . .

2. . . . .

3. . . . .

4. . . . .

5. . . . .

6. . . . .

7. . . . .

8. . . . .

9. . . . .

10. . . . .

11. . . . .

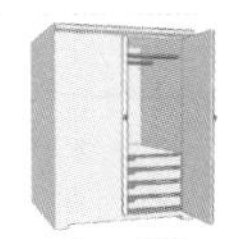

12. . . . .

2. Wo ist Thomas?

1. Kino: *토마스가 극장 / 영화관에 있어요.*
2. Arztpraxis: . . . .
3. Firma: . . . .
4. zuhause: . . . .
5. Park: . . . .
6. Klassenzimmer: . . . .
7. Restaurant: . . . .
8. Café: . . . .
9. Bibliothek: . . . .

3. Wo ist das Buch?

Vokabelhilfe:

안에: in
밖에: außerhalb

1.  *책이 책상 위에 있어요.*

2.  . . . .

3.  . . . .

4.  . . . .

5.  . . . .

6.  . . . .

7.  . . . .

8.  . . . .

4. **Wo ist was? Ergänzen Sie 앞에, 옆에, 사이에 oder 뒤에.**

 뒤

 앞

1.	병원이 어디에 있어요?	병원이 학교	*옆에*	있어요.
		병원이 공원	....	있어요.
2.	학교가 어디에 있어요?	학교가 병원	....	있어요.
		학교가 회사	....	있어요.
		학교가 커피숍	....	있어요.
		학교가 병원하고 회사	....	있어요.
3.	회사가 어디에 있어요?	회사가 학교	....	있어요.
		회사가 도서관	....	있어요.
4.	식당이 어디에 있어요?	식당이 학교	....	있어요.
5.	도서관이 어디에 있어요?	도서관이 커피숍	....	있어요.
		도서관이 회사	....	있어요.
6.	커피숍이 어디에 있어요?	커피숍이 공원	....	있어요.
		커피숍이 도서관	....	있어요.
		커피숍이 공원하고 도서관	....	있어요.
		커피숍이 학교	....	있어요.
7.	공원이 어디에 있어요?	공원이 커피숍	....	있어요.
		공원이 병원	....	있어요.

5. Bilden Sie mit den Wörtern Sätze.

Vokabelhilfe:
꽃병: Vase   강아지: Welpe   꽃: Blumen   책장: Bücherregal

1. 토마스 씨, 학교, 에, 있어요, 가: *토마스 씨가 학교에 있어요.*
2. 병원, 리나, 있어요, 에, 가: ....
3. 있어요, 꽃병, 책상, 위에, 이: ....
4. 공책, 의자, 아래에, 이, 있어요: ....
5. 안에, 가방, 책, 없어요, 이: ....
6. 밖에, 집, 가, 강아지, 있어요: ....
7. 있어요, 꽃병, 이, 꽃, 안에: ....
8. 형, 어머니, 뒤에, 이, 있어요: ....
9. 위에, 책장, 라디오, 있어요, 가: ....
10. 안에, 있어요, 옷, 옷장, 이: ....

6. Setzen Sie die Wörter in die Lücken ein!

위에	옆에	에	옷장	앞에	컴퓨터
앞에		베개		에	

방 .... 침대, 책상, 책장, 옷장, 창문이 있어요. 책상은 창문 .... 있어요. 책상 위에는 ....가 있어요. 책상 .... 의자가 있어요. 책상 .... 침대가 있어요. 침대 .... 기타가 있어요. 기타 뒤에는 ....가 있어요. 책장 옆에는 ....이 있어요. 천장.......... 전등이 있어요.

Vokabelhilfe:
방: Zimmer
기타: Gitarre
베개: Kopfkissen
천장: Decke
전등: Lampe

Vokabelhilfe:
제가: ich (höfliche Form) im Nominativ

7. Übersetzen Sie die Sätze ins Koreanische.

1. Die Lampe ist auf dem Schreibtisch.

....

2. Die Tasche ist unter dem Stuhl.

....

3. Thomas ist im Wohnzimmer.

....

4. Ich bin in Berlin.

....

5. Thomas ist nicht in der Schule.

....

6. Der Hut ist nicht neben dem Bett.

....

7. Das Restaurant ist zwischen dem Café und der Arztpraxis.

....

8. Es gibt in der Tasche kein Buch.

....

9. Es gibt vor meiner Wohnung einen Park.

. . . .

10. Die Bibliothek ist hinter der Schule.

. . . .

8. Schreiben Sie wie im Beispiel einen kurzen Text darüber, was es in Ihrem Zimmer gibt und wo es sich befindet.

보기:

제 방에는 책상, 침대, 옷장, 책장, 의자, 컴퓨터, 라디오, 창문, 시계, 가방이 있어요. 창문 옆에 시계가 있어요. 책상 옆에 책장이 있어요. 책장 위에 라디오가 있어요. 옷장 옆에 침대가 있어요. 책상 앞에 의자가 있어요. 책상 위에 컴퓨터가 있어요. 책상 아래에 가방이 있어요.

Lektion 8

I. Wer macht was? Finden Sie das passende Wort.

찾다	쉬다	먹다
주다	배우다	보다
일하다	가르치다	웃다
책을 읽다	이야기하다	전화하다
받다	운동하다	쇼핑하다
자다	가다	커피를 마시다
오다	사다	공부하다

1. . . . .

2. . . . .

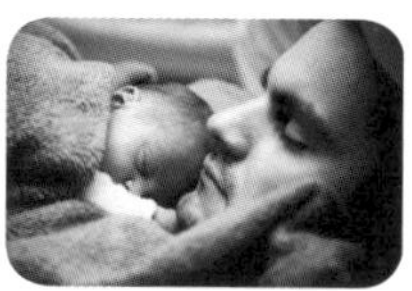

3. . . . .

4. . . . .
5. . . . .
6. . . . .
7. . . . .
8. . . . .
9. . . . .
10. . . . .
11. . . . .
12. . . . .
13. . . . .
14. . . . .
15. . . . .
16. . . . .
17. . . . .
18. . . . .
19. . . . .
20. . . . .
21. . . . .

2. Markieren Sie bei diesen Verben die letzte Silbe im Verbstamm.

1. 가다
2. 자다
3. 사다
4. 받다
5. 찾다
6. 먹다
7. 읽다
8. 웃다
9. 공부하다
10. 운동하다
11. 쇼핑하다
12. 이야기하다
13. 일하다
14. 보다
15. 오다
16. 가르치다
17. 마시다
18. 주다
19. 배우다
20. 쉬다

3. Teilen Sie die Verben aus Nr. 2 in drei Gruppen ein.

Verben, deren letzte Silbe im Verbstamm entweder ㅏ oder ㅗ enthält	Verben, die mit -하다 enden	Verben, deren letzte Silbe im Verbstamm weder ㅏ noch ㅗ enthält und die nicht mit -하다 enden
1.	2.	3.

4. Ergänzen Sie ㅏ요, ㅘ요, ㅝ요 und ㅕ요.

Bedingung	Endung
Wenn die letzte Silbe im Verbstamm entweder ㅏ oder ㅗ enthält:	1. . . . . kommt zum Verbstamm hinzu.
Wenn ein Verb mit -하다 endet:	-하다 wird zu 2.. . . . .
Wenn die letzte Silbe im Verbstamm weder ㅏ noch ㅗ enthält und das Verb nicht mit -하다 endet:	3. . . . . kommt zum Verbstamm hinzu.

5. Hier sind die Regeln der Kontraktion der Vokale bei der Konjugation. Ergänzen Sie ㅏ, ㅘ, ㅝ und ㅕ.

1.	ㅗ + 아요 =	3.	ㅣ + 아요 =
2.	ㅏ + 아요 =	4.	ㅜ + 아요 =

6. Schreiben Sie die Gegenwartsformen der Verben mit der Endung -아/어요.

1. 가다 *가요*
2. 자다 ....
3. 사다 ....
4. 받다 ....
5. 찾다 ....
6. 먹다 ....
7. 읽다 ....
8. 웃다 ....
9. 공부하다 ....
10. 운동하다 ....
11. 이야기하다 ....
12. 일하다 ....
13. 쇼핑하다 ....
14. 보다 ....
15. 오다 ....

16. 가르치다 ....

17. 마시다 ....

18. 배우다 ....

19. 주다 ....

20. 쉬다 ....

7. Ergänzen Sie -을 oder -를.

Vokabelhilfe:
편지: Brief

1. 바나나.......... 먹어요.
2. 책.......... 읽어요.
3. 비빔밥.......... 먹어요.
4. 의자.......... 줘요.
5. 옷.......... 사요.
6. 텔레비전.......... 봐요.
7. 한국어.......... 가르쳐요.
8. 영어.......... 배워요.
9. 신문.......... 읽어요.
10. 물.......... 마셔요.
11. 시계.......... 사요.
12. 햄버거.......... 먹어요.
13. 꽃.......... 줘요.
14. 편지.......... 받아요.
15. 친구.......... 찾아요.

8. Ergänzen Sie -이/가 oder -을/를.

Vokabelhilfe:
드라마: Serien (z.B. Fernsehserien)

1. 교실에 선생님.......... 있어요.
2. 민수 씨가 녹차.......... 마셔요.
3. 책상 위에 컴퓨터.......... 있어요.
4. 책상 위에 녹차.......... 있어요.
5. 드라마.......... 봐요.
6. 핸드폰.......... 사요.
7. 한국어.......... 공부해요.
8. 책장에 책.......... 없어요.
9. 옷장 안에 옷.......... 없어요.
10. 책.......... 읽어요.

9. Fügen Sie das passende Verb ein (konjugierte Form mit der Endung -아/어요).

배우다	웃다	마시다	공부하다	오다	보다	먹다
	자다	사다	받다	가르치다	읽다	

1. 이 영화가 재미있어요. 저는 ....
2. 비빔밥을 ....
3. 우유를 ....
4. 신문을 ....
5. 옷을 ....

Vokabelhilfe:
재미있다: Spaß machen
우리 집에: zu uns nach Hause
영어: Englisch
피아노: Klavier
이메일: E-Mail

6. 드라마를 ....

7. 친구가 오늘 우리 집에 ....

8. 저는 영어 선생님이에요. 영어를 ....

9. 저는 학생이에요. ....

10. 피아노를 ....

11. 이메일을 ....

12. 피곤해요. ....

10. Was passt *nicht*?

1. 햄버거를 / 스파게티를 / 의자를 / 비빔밥을 먹어요.
2. 의자 / 책상 / 공원 / 침대 위에 책이 있어요.
3. 커피를 / 책을 / 유자차를 / 콜라를 마셔요.
4. 친구를 / 사람을 / 직업을 / 주말을 찾아요.
5. 선생님을 / 옷을 / 시계를 / 책을 사요.
6. 옷장에 티셔츠가 / 교실이 / 옷이 / 모자가 있어요.
7. 교실에 선생님이 / 학생이 / 병원이 / 시계가 있어요.
8. 유자차를 / 영어를 / 기타를 / 수학을 배워요.
9. 한국어를 / 기타를 / 수학을 / 옷장을 가르쳐요.
10. 토마스 씨가 쉬어요 / 웃어요 / 가요 / 이에요.
11. 신문을 봐요 / 먹어요 / 읽어요 / 사요.
12. 주말을 / 빵을 / 꽃을 / 물을 줘요.

Vokabelhilfe:

수학: Mathematik
티셔츠: T-Shirts

13. 책을 / 오늘을 / 이메일을 / 편지를 받아요.

14. 친구가 / 강아지가 / 병원이 / 토마스가 와요.

II. Übersetzen Sie die Sätze ins Koreanische.

Vokabelhilfe:
아기: Baby
사람들: Leute

1. Ich esse Brot.

. . . .

2. Minsu isst Bibimbap.

. . . .

3. Die Studenten sehen fern.

. . . .

4. Die Leute machen Sport.

. . . .

5. Yuna, du lachst.

. . . .

6. Die Mutter ruht sich aus.

. . . .

7. Mein jüngerer Bruder lernt Englisch.

. . . .

8. Die Lehrerin unterrichtet Koreanisch.

. . . .

9. Tobias lernt.

. . . .

10. Nina telefoniert.

. . . .

11. Wir bekommen eine E-Mail.

. . . .

12. Das Baby schläft.

....

13. Thomas geht.

....

14. Ein Freund kommt zu uns nach Hause.

....

15. Andreas kauft Äpfel.

....

16. Ich trinke Bier.

....

17. Susan shoppt.

....

18. Thomas arbeitet.

....

19. Wir sprechen.

....

20. Laura sucht Freunde.

....

21. Meine Schwester liest Zeitung.

....

12. Erzählen Sie wie im Beispiel, was die Leute, die Sie kennen, gerade tun.

> **보기:**
> 어머니가 일해요. 아버지가 맥주를 마셔요. 동생이 공부해요. 친구가 전화해요. 저는 유튜브를 봐요. 강아지가 자요.

Lektion 9

1. Wie heißen diese Orte auf Koreanisch?

고궁	욕실	시장	영화관	바다	백화점

1. . . . .
2. . . . .
3. . . . .
4. . . . .
5. . . . .
6. . . . .

2. Suchen Sie den passenden Ort aus und bilden Sie damit einen Satz.

카페	도서관	병원	학교	집	회사
백화점	공원	영화관	고궁	욕실	도서관

1. 토마스 씨는 장을 봐요. *시장에 가요.*
2. 수진 씨는 일해요. . . . .
3. 라우라 씨는 공부해요. . . . .
4. 미나 씨는 쇼핑해요. . . . .
5. 미라 씨는 피곤해요. . . . .
6. 저는 운동해요. . . . .
7. 우리는 영화를 봐요. . . . .
8. 영호 씨는 커피를 마셔요. . . . .
9. 찬혁 씨는 아파요. . . . .
10. 안드레아 씨는 책을 빌려요. . . . .
11. 수잔 씨는 서울을 구경해요. . . . .
12. 유나 씨는 손을 씻어요. . . . .

Vokabelhilfe:

피곤하다: müde sein
아파요 → Inf. 아프다: krank sein
빌려요 → Inf. 빌리다: ausleihen
손: Hand
씻다: waschen

3. Setzen Sie einen Ort mit der passenden Partikel ein.

공원	커피숍	도서관	식당	병원	욕실
집	회사	시장	서울	백화점	

1. *학교에서* 공부해요.
2. . . . . 커피를 마셔요.
3. . . . . 쇼핑해요.
4. . . . . 샤워해요.
5. . . . . 고궁을 구경해요.
6. . . . . 산책해요.
7. . . . . 과일을 사요.
8. . . . . 밥을 먹어요.
9. . . . . 책을 빌려요.
10. . . . . 쉬어요.
11. . . . . 일해요.
12. . . . . 의사하고 이야기해요.

Vokabelhilfe:

과일: Obst
-하고: mit

4. Ergänzen Sie -에 oder -에서.

1. 파울이 집. . . . . . 있어요.
2. 리라 씨는 백화점. . . . . . 옷을 사요.
3. 저는 지금 집. . . . . . 없어요.
4. 수잔 씨는 커피숍. . . . . . 친구를 만나요.
5. 친구가 오늘 우리 집. . . . . . 와요.
6. 미라는 극장. . . . . . 가요.
7. 미라는 극장. . . . . . 영화를 봐요.
8. 미라는 극장. . . . . . 있어요.
9. 라우라 씨는 식당. . . . . . 밥을 먹어요.
10. 토비 씨, 어디. . . . . . 가요?
11. 미라씨는 어디. . . . . . 공부해요?
12. 토마스 씨는 어디. . . . . . 살아요?
13. 한국 식당이 어디. . . . . . 있어요?
14. 로라 씨가 바다. . . . . . 수영해요.
15. 저는 한국어 수업. . . . . . 다녀요.

Vokabelhilfe:

수영하다: schwimmen
수업: Unterricht

5. Ergänzen Sie das passende Verb in der konjugierten Form!

산책하다	사다	공부하다	일하다	배우다	샤워하다	빌리다
쉬다	장 보다	보다	수영하다	밥을 먹다	만나다	쇼핑하다

1. 서울에서 고궁을 *구경해요.*
2. 욕실에서 . . . .
3. 영화관에서 영화를 . . . .
4. 공원에서 . . . .
5. 슈퍼마켓에서 . . . .
6. 회사에서 . . . .
7. 바다에서 . . . .
8. 식당에서 같이 . . . .
9. 거실에서 . . . .
10. 커피숍에서 친구를 . . . .
11. 백화점에서 . . . .
12. 도서관에서 책을 . . . .
13. 학교에서 . . . .
14. 음악 학교에서 피아노를 . . . .
15. 백화점에서 신발을 . . . .

Vokabelhilfe:

슈퍼마켓: Supermarkt
신발: Schuhe
같이: zusammen
산책하다: spazieren

6. Was passt zusammen?

1. 어디에서 피아노를 배워요?
2. 어디에서 옷을 사요?
3. 어디에 가요?
4. 오늘 뭐 해요?
5. 이름이 뭐예요?
6. 직업이 뭐예요?
7. 이분이 누구예요?

가. 공원에서 산책해요.
나. 저는 기술자예요.
다. 커피숍에서 만나요.
라. 이 사람은 제 누나예요.
마. 학교에서 공부해요.
바. 김민수예요.
사. 병원에 가요.

8. 어디에서 산책해요?
9. 이게 뭐예요?
10. 토마스 씨가 지금 어디에 있어요?
11. 학교에서 뭐 해요?
12. 어디에서 친구를 만나요?

아. 오늘 집에서 쉬어요.
자. 회사에 있어요.
차. 음악 학교에서 배워요.
카. 이게 연필이에요.
타. 백화점에서 사요.

7. Was passt?

Vokabelhilfe:

그래서: deshalb

1. 역사를/ 전등을/ 병원을/ 천장을 공부해요.
2. 김 선생님을/ 미라 씨를/ 고궁을/ 주말을 구경해요.
3. 도서관에서 책을 사요/ 먹어요/ 빌려요/ 마셔요.
4. 욕실/ 공원/ 고궁/ 극장에서 샤워해요.
5. 공원에서 산책해요/ 수영해요/ 쇼핑해요/ 책을 빌려요.
6. 피곤해요. 그래서 구경해요/ 쉬어요/ 일해요/ 수업에 가요.
7. 슈퍼마켓에서 쇼핑해요/ 장 봐요/ 운동해요/ 배워요.

8. Ergänzen Sie -은/는, -을/를, -에 oder -에서!

1. 동민 씨 ...... 오늘 공원 ...... 가요. 공원 ...... 책을 읽어요.
2. 공원 ...... 가요. 조금 후에 친구 ...... 만나요.
3. 친구의 이름 ...... 마틴이에요. 동민 씨하고 마틴 씨 ...... 아이스크림 가게 ...... 가요.
4. 아이스크림 ...... 사요. 공원 ...... 아이스크림 ...... 먹어요.
5. 사람들 ...... 구경해요.
6. 토마스 씨는 한국 ...... 가요. 한국 ...... 고궁 ...... 구경해요.
7. 고궁 ...... 유나 씨 ...... 만나요. 같이 산책해요.
8. 백화점 ...... 가요. 백화점 ...... 쇼핑해요. 옷 ...... 사요.
9. 오늘 저 ...... 피곤해요. 집 ...... 일찍 가요. 집 ...... 쉬어요.
10. 집 ...... 영화를 봐요. 그리고 일찍 자요.

Vokabelhilfe:

조금 후에: etwas später
가게: Laden
일찍: früh

9. Übersetzen Sie ins Koreanische.

1. Andreas arbeitet bei Siemens.

....

2. Paul spaziert im Park.

....

3. Lena duscht im Badezimmer.

....

4. Die Schüler gehen zur Schule.

....

5. Die Studenten leihen in der Bibliothek die Bücher aus.

....

6. Dong-Hyeok shoppt im Kaufhaus.

....

7. Minsu schwimmt im Meer.

....

8. Mein Ehemann liest ein Buch im Café.

....

9. Mein Bruder trifft eine Freundin im Restaurant.

....

10. Unsere Familie schaut die alten Paläste in Seoul an.

....

10. Wohin gehen Sie und was machen Sie dort? Schreiben Sie einen kurzen Text wie im Beispiel.

보기:

저는 학교에 가요. 학교에서 공부해요. 식당에 가요. 식당에서 밥을 먹어요. 카페에 가요. 카페에서 친구를 만나요. 도서관에 가요. 도서관에서 책을 빌려요. 슈퍼마켓에 가요. 슈퍼마켓에서 장을 봐요. 집에 가요. 집에서 요리해요. 강아지하고 놀아요.

Lektion 10

1. Tragen Sie sino-koreanische Zahlen ein.

1	일	11		21		28	
2		12		22		37	
3		13		30		49	
4		14		40		51	
5		15		50		64	
6		16		60		73	
7		17		70		86	
8		18		80		92	
9		19		90		1.000	
10		20		100		10.000	

2. Was passt zusammen?

1.	56	•	• 천칠백이십
2.	1.720	•	• 삼백삼십
3.	330	•	• 백십일
4.	90	•	• 오천육백이십일
5.	5.621	•	• 오십육
6.	18	•	• 구십
7.	111	•	• 십팔
8.	2.500	•	• 이천오백

3. Schreiben Sie die Monate auf Koreanisch!

Januar	Februar	März	April	Mai	Juni
Juli	**August**	**September**	**Oktober**	**November**	**Dezember**

4. Schreiben Sie die Wochentage auf Koreanisch!

Montag	Dienstag	Mittwoch	Donnerstag	Freitag	Samstag	Sonntag

5. Schreiben Sie das Datum auf Koreanisch!

1. Januar	. . . .	30. Juni	. . . .
14. Februar	. . . .	5. Juli	. . . .
10. April	. . . .	3. Oktober	. . . .
9. Mai	. . . .	28. Oktober	. . . .
21. Juni	. . . .	24. Dezember	. . . .

6. Antworten Sie auf die Fragen.

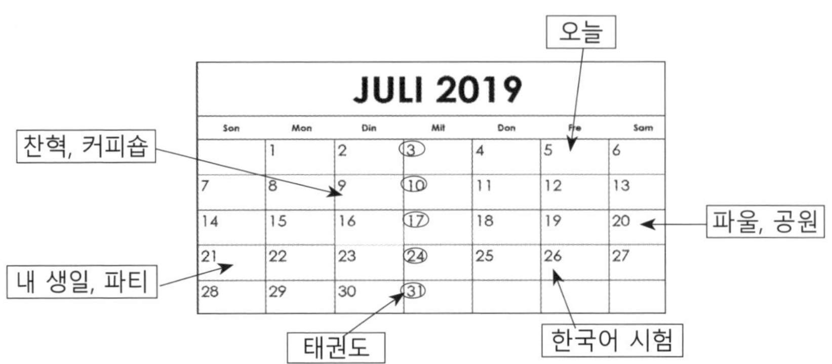

1. 오늘이 며칠이에요?

. . . .

2. 7월 16일은 무슨 요일이에요?

. . . .

3. 언제 찬혁 씨를 만나요? 어디에서 만나요?

. . . .

4. 내 생일은 언제예요? 생일에 뭐 해요?

. . . .

5. 언제 태권도를 배워요?

. . . .

6. 언제 한국어 시험이 있어요?

. . . .

7. 언제 파울을 만나요? 어디에서 만나요?

. . . .

7. Was machen Sie an welchem Tag?

Mein Wochenplan

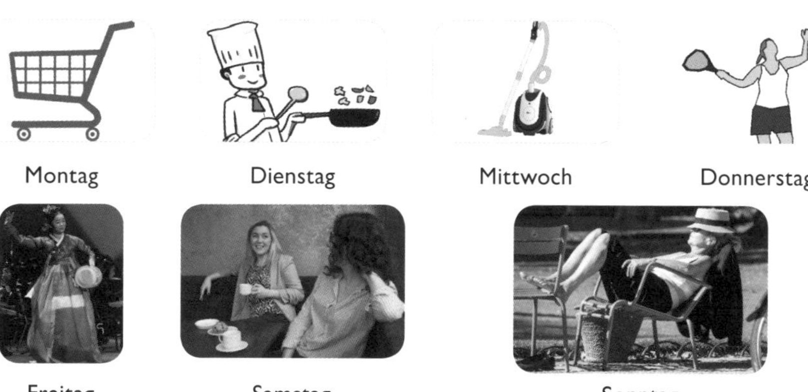

청소하다	테니스를 치다	한국 무용을 배우다
요리하다	친구를 만나다	쉬다

1. Montag: *월요일에 장 봐요.*
2. Dienstag: ....
3. Mittwoch: ....
4. Donnerstag: ....
5. Freitag: ....
6. Samstag: ....
7. Sonntag: ....

Vokabelhilfe:
청소하다: sauber machen
테니스를 치다: Tennis spielen
요리하다: kochen
한국 무용: koreanischer Tanz

8. Ordnen Sie die Wörter ein.

Vokabelhilfe:
보통: normalerweise
-마다: jede(r/s)

1. 며칠, 오늘, 이에요, 이?:

....

2. 이에요, 오늘은, 3일, 5월, 금요일:

....

3. 무슨, 오늘, 이에요? 요일, 이:

....

4. 21일, 제, 이에요, 생일, 7월, 이:

....

5. 금요일, 토마스 씨, 에, 에, 는, 바다, 가요:

....

6. 5월, 시험, 18일, 이, 있어요, 에:

....

7. 저는, 화요일, 목요일, 하고, 에, 보통, 한국어, 이, 수업, 있어요:

....

8. 는, 친구, 9일, 10월, 에, 수요일, 라우라, 를, 만나요:

....

9. 약속, 있어요?, 이, 3일, 10월, 에:

....

10. 영어 수업, 는, 레나, 월요일, 마다, 에, 다녀요:

....

9. Ergänzen Sie.

회의	시간	시험	약속	생일	수업

1. 저는 오늘 친구하고 ...... 이 있어요. 우리는 커피숍에서 만나요.
2. 목요일에 ...... 이 있어요. 그래서 도서관에서 공부해요.
3. 저는 내일 바빠요 .... 이 없어요.
4. 오늘 피아노 ...... 이 있어요. 음악 학교에 가요.
5. 내일 제 친구 ...... 이에요. 그래서 선물을 사요.
6. 6월 3일에 회사에서 ...... 가 있어요.

Vokabelhilfe:
바쁘다: beschäftigt sein
내일: morgen
선물: Geschenk

10. Ergänzen Sie.

하고	같이	도	그래서

1. 저 ...... 토비 씨는 오늘 공원에서 운동해요. 2. 미라 씨 ...... 공원에서 운동해요. 3. ...... 우리는 공원 앞에서 만나요. 4. ...... 운동해요.

11. Ergänzen Sie -에, -에서 oder -은/는.

1. 저는 9월 17일 ...... 친구하고 같이 극장 ...... 가요. 9월 17일 ...... 목요일이에요. 극장 ...... 수미 씨를 만나요. 같이 영화를 봐요.
2. 8월 15일 ...... 마이클 씨 생일이에요. 마이클 씨 ...... 집 ...... 생일 파티를 해요.
3. 이사벨 씨는 일요일 ...... 친구를 만나요. 친구하고 같이 도서관 ...... 공부해요. 두 사람은 월요일 ...... 시험이 있어요.
4. 내일 ...... 제 어머니 생일이에요. 우리 ...... 백화점 ...... 선물을 사요.
5. 11월 2일 ...... 시험이 있어요. 그래서 집 ...... 공부해요.
6. 5월 1일 ...... 휴일이에요. 집 ...... 쉬어요.

Vokabelhilfe:
휴일: Feiertag

12. Übersetzen Sie ins Koreanische.

1. Hast du am 24. November Zeit?

....

2. Es tut mir leid. Ich habe schon eine andere Verabredung.

....

3. Wann hast du Geburtstag?

....

4. Ich habe am 2. November Geburtstag.

....

5. Wann ist die Prüfung?

....

6. Welchen Tag haben wir heute? (Wochentag)

....

7. Den wievielten haben wir heute?

....

8. Ich besuche montags und mittwochs einen koreanischen Tanzkurs.

....

9. Ich treffe Thomas am Samstag, den 4. Mai, im Restaurant.

....

10. Am Mittwoch putzt Kira zu Hause.

....

13. Was machen Sie an welchem Wochentag? Schreiben Sie einen kurzen Text wie im Beispiel.

Vokabelhilfe:
조깅을 하다: joggen

보기 :

월요일에 VHS에서 한국어를 배워요. 화요일에 공원에서 조깅을 해요. 수요일에 집에서 요리해요. 목요일에 피아노를 배워요. 금요일에 식당에서 친구를 만나요. 토요일에 장을 봐요. 일요일에 책을 읽어요.

Lektion 11

1. Finden Sie das passende Wort.

지하철	기차	걸어서	비행기
택시	배	버스	자전거

1. . . . .

2. . . . .

3. . . . .

4. . . . .

5. . . . .

6. . . . .

7. . . . .

8. . . . .

2. Ergänzen Sie.

걸어서	타고 와요	타요	타고 가요	내려요	갈아타요

1. 가: 몇 번 버스를 타요?

   나: 100번 버스를 . . . .

2. 가: 집에 버스를 타고 가요?

   나: 아니요, 집에 . . . . 가요.

3. 가: 회사에 어떻게 와요?

   나: 자전거를 . . . .

4. 가: 어디에서 내려요?
   나: 서울역에서 ....

5. 가: 어디에서 갈아타요?
   나: 하웁트반호프 역에서 ....

6. 가: 집에 어떻게 가요?
   나: 지하철을 ....

3. Was passt *nicht*?

1. 자전거를/ 서울역을/ 버스를/ 기차를 타요.
2. 버스를 타요/ 타고 가요/ 타고 와요/ 내려요.
3. 버스에서/ 비행기에서/서울역에서/교실에서 내려요.
4. 집에 버스를/ 걸어서/ 버스를 타고/ 택시를 타고 가요.
5. 기차를 갈아타요/ 타요/ 내려요/ 타고 가요.

4. Ergänzen Sie die Tabelle unter Verwendung von -(으)세요.

가다	*가세요*	일하다	
받다		공부하다	
보다		가르치다	
먹다		마시다	
찾다		이야기하다	
오다		쉬다	
읽다		듣다	
자다		만들다	

5. Sagen Sie, was getan werden soll.

1. 가: 오늘 피곤해요.
   나: (집에 일찍 가다): *집에 일찍 가세요.*

2. 가: 요즘 피곤해요.
   나: (비타민을 먹다): ....

Vokabelhilfe:
비타민: Vitamine
칠판: Tafel
쪽: Seite
손님: Gast

3. 가: 알렉산더 플라츠에 어떻게 가요?
   나: (200번 버스를 타다): . . . .

4. 가: 여러분! (칠판을 보다): . . . .

5. 가: 팀 씨, 85쪽을 (읽다): . . . .
   나: 네, 알겠습니다, 선생님.

6. 가: 무엇을 드릴까요?
   나: (우유를 주다): . . . .

7. 가: 여러분! (잘 듣다): . . . .

8. 가: 내일 토마스 씨 생일이에요.
   나: (케이크를 만들다): . . . .

9. 가: 9월에 한국에 가요.
   나: (한국어를 배우다): . . . .

10. 가: 내일 시험이에요.
    나: (공부하다): . . . .

11. 가: 내일 손님이 와요.
    나: (청소하다): . . . .

6. Fragen Sie, wie Sie zum jeweiligen Ort gelangen! .

대학교	동물원	*푸른 공원*	공항	도서관

1.

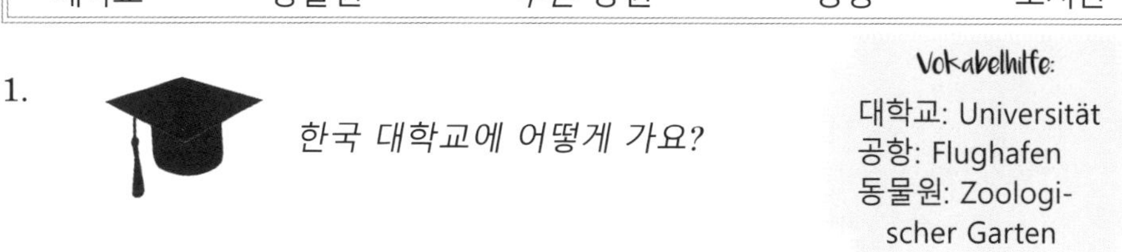

2. ....?

3. ....?

4. ....?

5. ....?

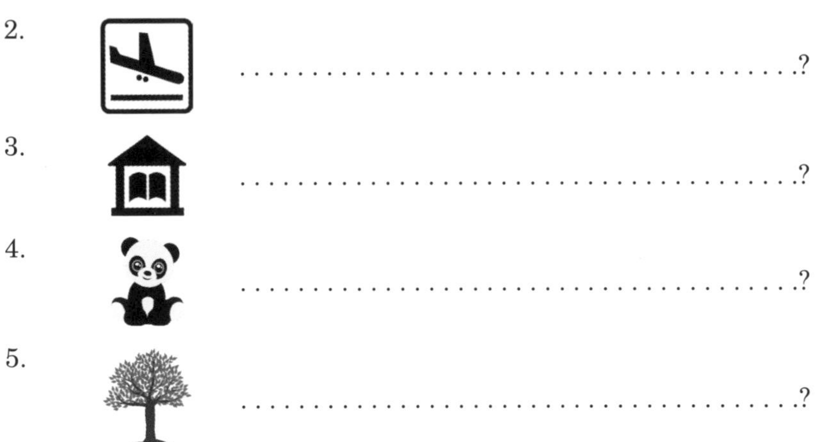

7. Antworten Sie!

1.

가: 도서관에 어떻게 가요?
나: *시청 역에서 100번 버스를 타세요.*

2.

가: 공항에 어떻게 가요?
나: ....

3.

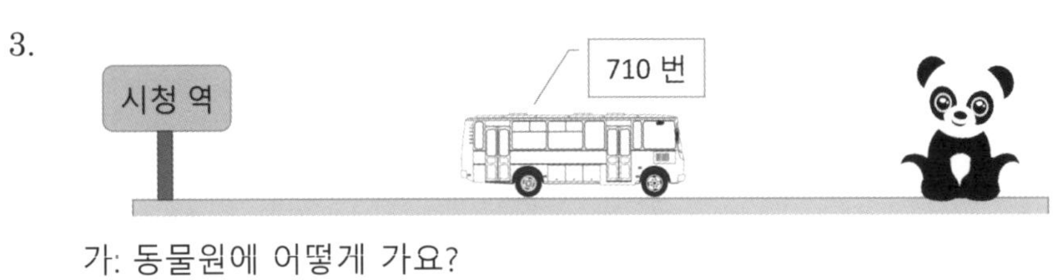

가: 동물원에 어떻게 가요?
나: ....

4.

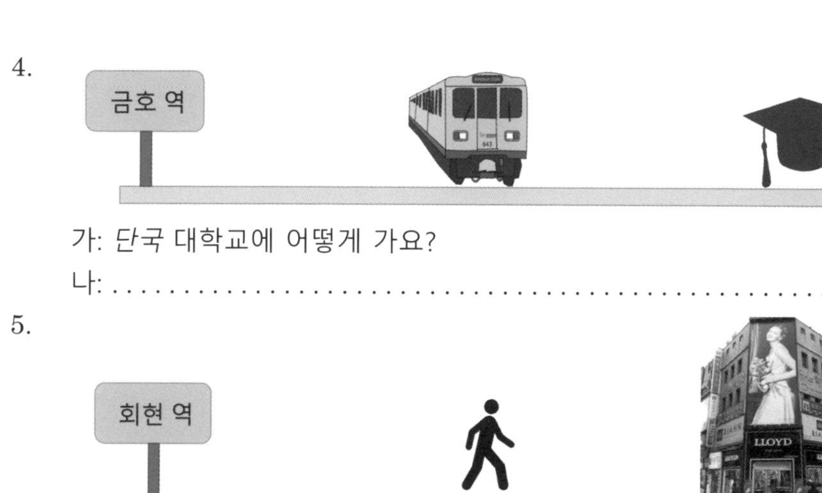

가: *단국* 대학교에 어떻게 가요?

나: ....

5.

가: *명동*에 어떻게 가요?

나: ....

8. Antworten Sie auf die Fragen.

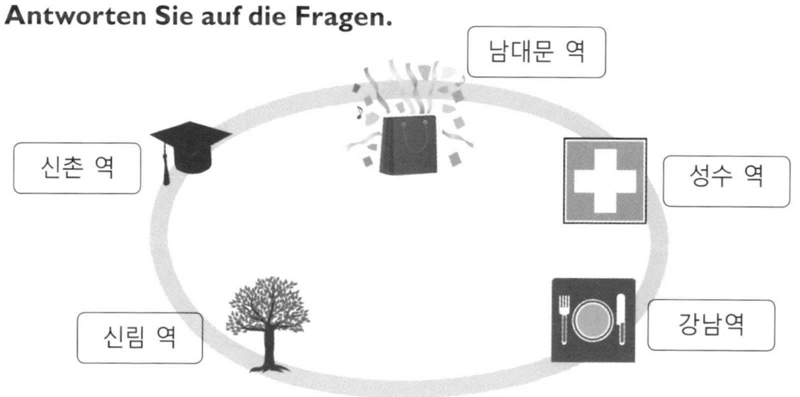

1. 가: *한국* 백화점에 가요. 어디에서 내려요?

   나: *남대문 역에서 내리세요.*

2. 가: *한국* 대학교에 가요. 어디에서 내려요?

   나: ....

3. 가: *원조* 식당에 가요. 어느 역에서 내려요?

   나: ....

4. 가: *푸른* 공원에 가요. 어느 역에서 내려요?
   나: ....

5. 가: *한국* 병원에 가요. 어느 역에서 내려요?
   나: ....

9. Antworten Sie auf die Fragen.

1. 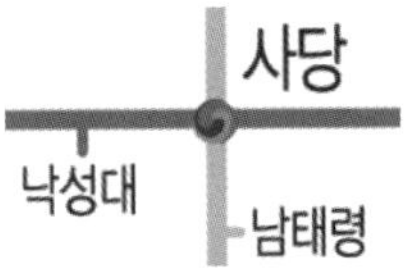 가: 낙성대 역에 가요. 어디에서 갈아타요?
   나: *사당 역에서 갈아타세요.*

2. 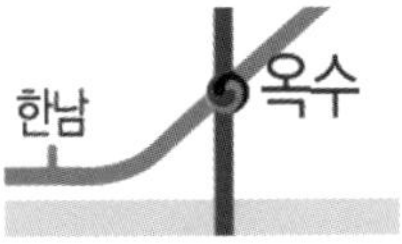 가: 한남 역에 가요. 어디에서 갈아타요?
   나: ....

3. 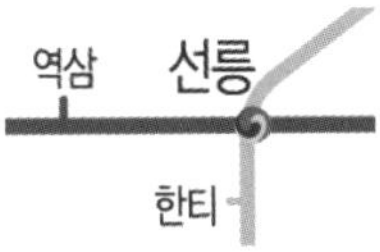 가: 한티 역에 가요. 어느 역에서 갈아타요?
   나: ....

4.  가: 이태원에 가요. 어느 역에서 갈아타요?
   나: ....

5.  가: 안국 역에 가요. 어디에서 갈아타요?
   나: ....

10. Ergänzen Sie.

1.

가: *용산* 공원에 어떻게 가요?

나: 합정 역에서 45번 버스를 .... 회현 역에서 .... 회현 역에서 지하철 2호선으로 .... *용산* 공원에서 ....

2.

가: *서울* 병원에 어떻게 가요?

나: 종로 3가 역 .... 지하철 1호선을 .... 동대문 역에서 4호선으로 .... 서울 병원.......... 내리세요.

3.

가: *원조* 식당에 어떻게 가요?

나: 종로 3가 역 .... 을지로 3가 역............... ...... 을지로 3가 역에서 ....

4.

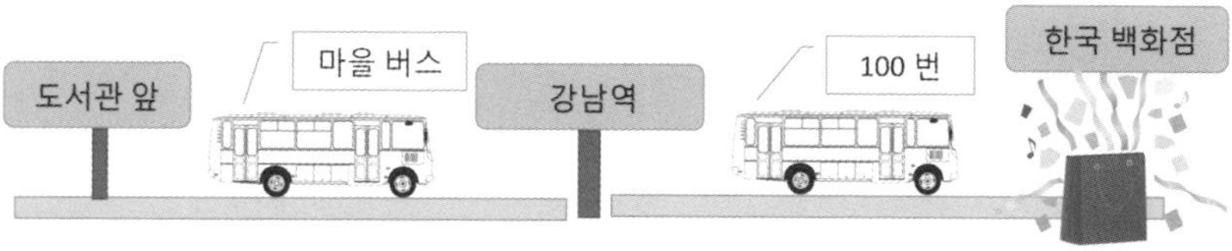

가: *한국* 백화점에 어떻게 가요?

나: 도서관 앞 ....

5.

가: 인사동에 어떻게 가요?

나: ....

....

11. Was passt zusammen?

1. 오늘 피곤해요.
2. 어디로 나가요?
3. 어디에서 버스를 타요?
4. 어디에서 공항 철도를 타요?
5. 집에 어떻게 가요?
6. 어디에서 갈아타요?
7. 어디에서 내려요?
8. 내일 친구 생일이에요.

가. 지하층에 공항 철도 역이 있어요.
나. 강남 역에서 갈아타세요.
다. 지하철을 타고 가요.
라. 3번 출구로 나가세요.
마. 집에서 쉬세요.
바. 선물을 사세요.
사. 학교 앞에서 버스를 타세요.
아. 안국 역에서 내려요.

12. Übersetzen Sie ins Koreanische.

1. Wie komme ich zur Bibliothek?

....

2. Wie gehst du nach Hause?

....

3. Ich fahre mit dem Bus.

....

4. Thomas nimmt ein Taxi.

....

5. Michael steigt an der U-Bahnstation *Gangnam* in die U-Bahn um.

....

6. Wie kommst du zur Schule?

....

7. Bitte steigen Sie vor dem Krankenhaus aus.

....

8. Bitte nehmen Sie an der U-Bahnstation *Gyodae* die U-Bahnlinie 2.

....

9. Laura fährt mit Bus und U-Bahn zur Schule.

....

10. Tobias kommt zu Fuß zur Schule.

....

13. Wie gelangen Sie zur Arbeit, Schule etc. in Ihrer Heimat? Schreiben Sie einen kurzen Text wie im Beispiel.

보기:

저는 학교에 버스하고 지하철을 타고 가요. 먼저 41번 버스를 타요. 포츠다머 플라츠 역에서 내려요. 그리고 지하철 2 호선으로 갈아타요. 알렉산더 플라츠 역에서 내려요. 학교는 알렉산더 플라츠 역에 있어요.

Lektion 12

1. -로 oder -으로?

1. 오른쪽.......... 가세요.
2. 왼쪽.......... 가세요.
3. 파리.......... 가세요.
4. 이쪽.......... 가세요.
5. 화장실.......... 가세요.
6. 저쪽.......... 가세요.
7. 서울.......... 가세요.
8. 로마.......... 가세요.
9. 뉴욕.......... 가세요.
10. 교실.......... 가세요.

2. Wohin soll Thomas gehen? Sagen Sie es ihm mithilfe der angegebenen Wörter.

위로 　 위층으로 　 오른쪽으로 　 왼쪽으로 　 길을 건너다 　 길을 건너다로 　 저쪽으로

1. *이쪽으로 가세요.*
2. . . . .
3. . . . .
4. . . . .
5. . . . .
6. . . . .
7. . . . .
8. . . . .
9. . . . .

3. Wie heißen diese Orte?

사무실 주차장 사거리 계단 화장실 횡단보도 서점 버스 정류장 편의점 휴게실 은행 회의실

1. ....
2. ....
3. ....
4. ....
5. ....
6. ....
7. ....
8. ....
9. ....
10. ....
11. ....
12. ....

4. Ergänzen Sie die Lücken mit der passenden Form der Verben im Kasten!

나가다 올라가다 들어가다 지나다 내려가다 나오다 건너다 들어오다

1. 가: 화장실이 어디에 있어요?

   나: 2층으로 ....

2. 가: 주차장이 어디에 있어요?

   나: 지하층으로 ....

Vokabelhilfe:

똑똑: [lautmale-risch] Klopf-klopf!
날씨: Wetter
아주: sehr
좋다: gut sein

3. 가: 편의점이 어디에 있어요?
나: 저기에 공원이 하나 있어요. 그 공원을 ……….. 그러면 사거리가 나와요. 사거리 오른쪽에 편의점이 있어요.

4. 가: 백화점이 어디에 있어요?
나: 사거리에서 길을 ……….. 그러면 오른쪽에 있어요.

5. 가: (똑똑)
나: 네, ………..

6. 가: 화장실이 어디에 있어요?
나: 이 건물 안으로 ……….. 화장실은 2층에 있어요.

7. (In einer U-Bahnstation)
가: 실례합니다, 대한 극장이 어디에 있어요?
나: 3번 출구로 ……….. 그러면 왼쪽에 있어요.

8. 가: 유나 씨, 밖으로 ……….. 날씨가 아주 좋아요!
나: 그래요? 지금 나갈게요.

5. Ergänzen Sie!

에	에서	그러면	건너세요	그 다음에	쭉	사거리

1. 가: 편의점이 어디에 있어요?
나: 이쪽으로 ………. 가세요.

2. 가: 서점이 어디에 있어요?
나: 길을 ……….. 그러면 오른쪽에 있어요.

3. 가: 슈퍼마켓이 어디에 있어요?
나: 사거리 ………. 오른쪽으로 가세요.

4. 가: 꽃집이 어디에 있어요?
나: 이쪽으로 똑바로 가세요. . . . . 왼쪽에 있어요.

5. 가: 버스 정류장이 어디에 있어요?
나: 사거리에서 길을 건너세요. . . . . 왼쪽으로 가세요.

6. 가: 전철역이 어디에 있어요?
나: 저쪽으로 똑바로 가세요. 그러면 오른쪽 . . . . 있어요.

7. 가: 토마스 씨 집이 어디에 있어요?
나: . . . . 에서 오른쪽으로 가세요. 토마스 씨 집은 두 번째 집이에요.

6. Antworten Sie! (Startpunkt ist unten)

1.
가: 편의점이 어디에 있어요?
나: *이쪽으로 똑바로 가세요.*
그러면 오른쪽에 있어요.

2.
가: 꽃집이 어디에 있어요?
나:. . . . .
. . . .

3.
가: 서점이 어디에 있어요?
나: . . . .
. . . .

4.
가: 은행이 어디에 있어요?
나: . . . .
. . . .

5.

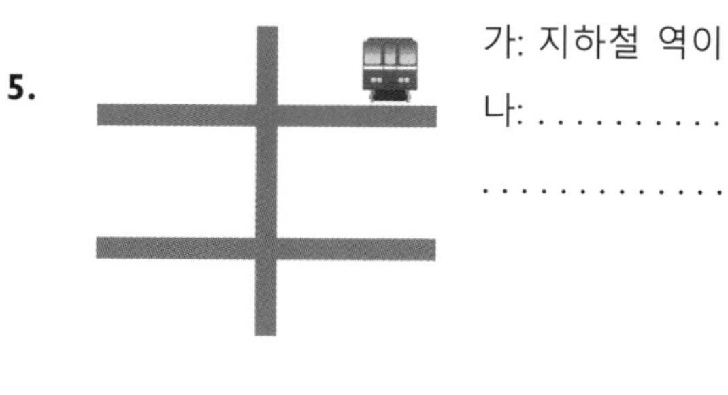

가: 지하철 역이 어디에 있어요?

나: ....

....

6.

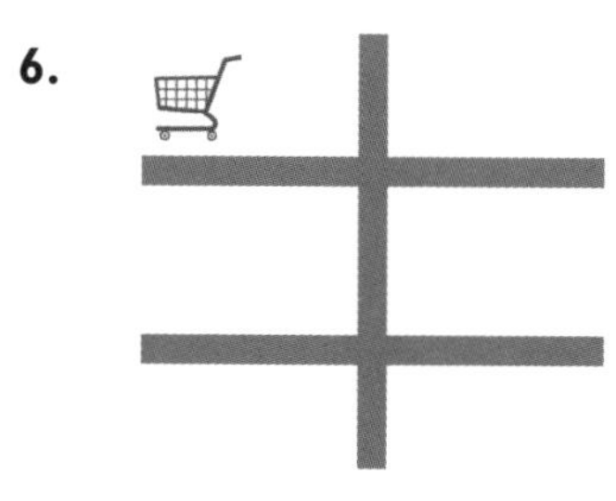

가: 슈퍼마켓이 어디에 있어요?

나: ....

....

7.

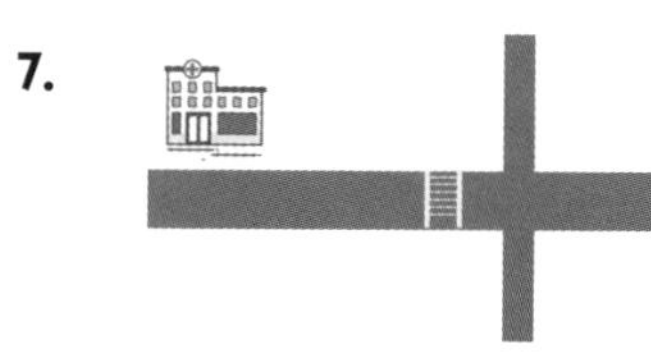

가: 병원이 어디에 있어요?

나: ....

....

8.

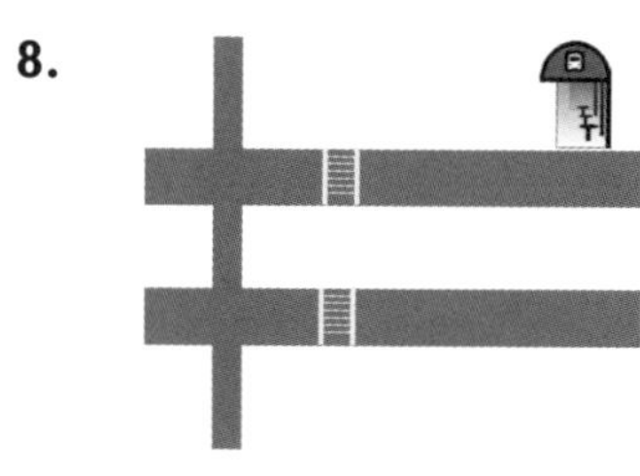

가: 버스 정류장이 어디에 있어요?

나: ....

....

7. Ergänzen Sie! (Startpunkt ist unten in der Mitte.)

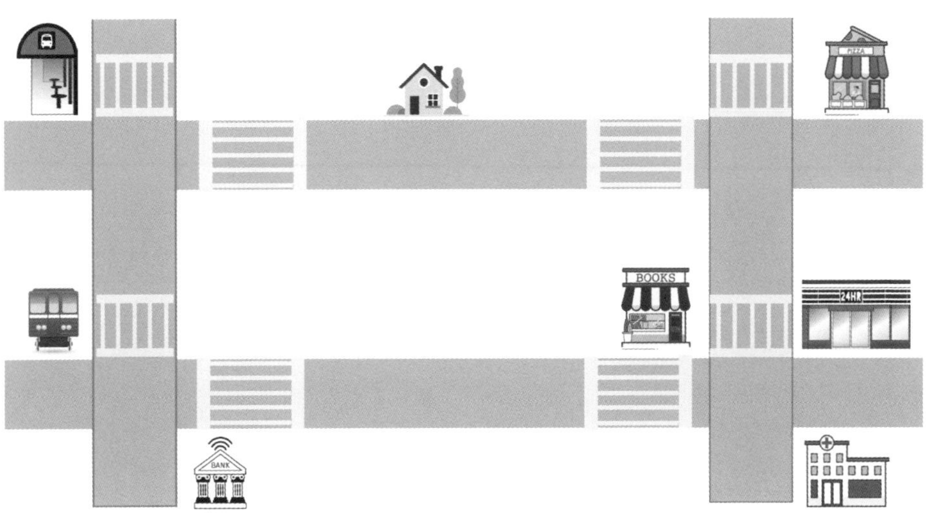

1. 서점이 어디에 있어요?
   오른쪽. . . . . 가세요. 그러면 횡단보도가 나와요. 길을 . . . . 그러면 서점이 있어요.

2. 편의점이 어디에 있어요?
   오른쪽. . . . . . . 가세요. . . . . 횡단보도가 나와요. 횡단보도를 . . . . 그러면 서점이 나와요. 서점 앞. . . . . 길을 또 건너세요. . . . . 편의점이 있어요.

3. 피자가게가 어디에 있어요?
   . . . . 가세요. 그러면 횡단보도가 . . . . 건너세요. 똑바로 가세요. 그러면 또 횡단보도가 . . . . 횡단보도를 . . . . 그 다음에 오른쪽으로 가세요. 길을 . . . . 그러면 피자가게가 있어요.

4. 지하철역이 어디에 있어요?
   . . . . 가세요. 그러면 은행이 . . . . 은행 . . . . 길을 건너세요. 그 다음에 . . . . 가세요. 또 길을 . . . . 지하철역이 있어요.

5. 버스 정류장이 어디에 있어요?

.... 가세요. 그러면 은행이 .... 은행 앞에서 .... 그 다음에 똑바로 가세요. 그러면 또 ....가 나와요. 횡단보도를 건너세요. 그 다음에 .... 가세요. 길을 .... 그러면 버스 정류장이 있어요.

6. 토마스 씨 집이 어디에 있어요?

.... 가세요. 그러면 횡단보도가 .... 횡단보도를 건너세요. .... 서점이 나와요. 서점에서 .... 가세요. 그러면 또 ....가 나와요. 길을 건너세요. .... 왼쪽으로 50미터쯤 가세요. 그러면 민수 씨 집이 있어요.

8. Bringen Sie die Sätze in die richtige Reihenfolge.

Vokabelhilfe:
먼저: zuerst
대사관: Botschaft
우체국: Postamt
유치원: Kindergarten

1. 독일 대사관이 어디에 있어요?
가. 먼저 이쪽으로 똑바로 가세요.
나. 그러면 왼쪽에 대사관이 있어요.
다. 은행 앞에서 길을 건너세요.
라. 그러면 은행이 나와요.

2. 우체국이 어디에 있어요?
가. 공원을 지나세요. 그러면 슈퍼마켓이 나와요.
나. 슈퍼마켓 옆에 우체국이 있어요.
다. 그러면 공원이 나와요.
라. 먼저 이쪽으로 쭉 가세요.

3. 주차장이 어디에 있어요?
가. 그러면 편의점이 나와요.
나. 편의점 앞에서 길을 건너세요. 그리고 똑바로 쭉 가세요.
다. 먼저 여기에서 오른쪽으로 가세요.
라. 그러면 주차장이 나와요.

4. 유치원이 어디에 있어요?
가. 그러면 병원이 나와요.
나. 먼저 여기에서 왼쪽으로 가세요.
다. 병원 앞에서 길을 건너세요.
라. 그러면 오른쪽에 유치원이 있어요.

5. 사무실이 어디에 있어요?
   가. 여기에서 똑바로 쭉 가세요.
   나. 지하철역에서 오른쪽으로 50미터쯤 가세요.
   다. 그러면 사거리가 나와요.
   라. 그러면 사무실이 있어요.
   마. 사거리에 지하철역이 있어요.

9. Übersetzen Sie die Sätze ins Koreanische.

1. Gehen Sie in diese Richtung geradeaus.

. . . .

2. Gehen Sie nach rechts.

. . . .

3. Überqueren Sie am Convenience Store die Straße.

. . . .

4. Der Buchladen ist dann auf der rechten Seite.

. . . .

5. Gehen Sie an der Kreuzung nach links.

. . . .

6. Gehen Sie die Treppen hinauf.

. . . .

7. Gehen Sie in die dritte Etage.

. . . .

8. Entschuldigen Sie!

. . . .

9. Verzeihen Sie bitte!

. . . .

10. Sprechen Sie bitte langsam.

. . . .

10. Eine koreanische Freundin kommt zu Besuch. Beschreiben Sie ihr wie im Beispiel, wie sie Ihre Wohnung finden kann.

> 보기:
>
> 하웁트반호프 역에서 내리세요. 하웁트반호프 역에서 길을 건너세요. 오른쪽으로 가세요. 그러면 호텔이 나와요. 호텔에서 왼쪽으로 가세요. 똑바로 100미터쯤 가세요. 그러면 오른쪽에 우리집이 있어요.

Lektion 13

1. Tragen Sie den Wert ein.

1. . . . .　2. . . . .　3. . . . .

4. . . . .　5. . . . .　6. . . . .

2. Wie heißen diese Dinge? Suchen Sie das passende Wort im Kasten und schreiben Sie es hin.

치마	구두	반지	목도리	신발
청바지	컵라면	지갑	목걸이	외투
스웨터	티셔츠	잠바	바지	안경

3. Was passt *nicht*?

1. 김밥, 치마, 바지, 코트
2. 구두, 바지, 티셔츠, 치마
3. 모자, 잠바, 가방, 도시락
4. 사십오, 백십삼, 십칠, 잠바
5. 물, 컵라면, 김밥, 지갑
6. 목걸이, 반지, 시계, 청바지
7. 구두, 운동화, 안경, 신발

4. Schreiben Sie mit sino-koreanischen Zahlen.

1. 25.600: ....
2. 3.700: ....
3. 13: ....
4. 290: ....
5. 48: ....
6. 456.000: ....
7. 190.000: ....
8. 5.702.000: ....
9. 11.000: ....
10. 80.900: ....

5. Fragen Sie nach dem Preis der Ware (mithilfe der Wörter im Kasten) und formulieren Sie die Antwort darauf.

김밥 치마 바지 스웨터 외투 지갑 구두 티셔츠 도시락 모자 잠바

1. 가: *컵라면이 얼마예요?*
   나: *천삼백 원이에요.*

   1,300 원

2. 가: ....?
   나: ....

   6,000 원

3. 가: ....?
   나: ....

   3,000원

4. 가: ....?
   나: ....

   78,000원

5.

20,000원

가: ....?
나: ....

6.

15,000원

가: ....?
나: ....

7.

1,200,000원

가: ....?
나: ....

8.

203,000원

가: ....?
나: ....

9.

11,000원

가: ....?
나: ....

10.

67,000원

가: ....?
나: ....

11.

10,000원

가: ....?
나: ....

12.

94,000원

가: ....?
나: ....

6. **Ein Kunde ist in einem koreanischen Imbiss. Welche Variante passt in die Lücke?**

떡볶이

만두

튀김

손님 1

아주머니: 어서 오세요! 1. . . . .

손님: 김밥 하나하고 떡볶이 하나 주세요.

아주머니: 네, 알겠습니다. 잠시만 기다리세요.

(잠시 후)

손님: 얼마예요?

아주머니: 2. . . . .

손님: 여기 있습니다.

아주머니: 네, 감사합니다. 또 오세요!

손님: 3. . . . .

Vokabelhilfe:
손님: Kunde
아주머니: informelle Anrede für eine betagte Frau
하나: eins
잠시 후: in Kürze
잠시: Augenblick
-만: nur
기다리다: warten

1. 1) 잘 지냈어요? 2) 뭐 드릴까요?
   3) 이름이 뭐예요? 4) 뭐 먹어요?

2. 1) 오천오백 원입니다. 2) 육천 원입니다.
   3) 육천오백 원입니다. 4) 칠천 원입니다.

3. 1) 안녕히 계세요. 2) 잘 지내요.
   3) 안녕히 가세요. 4) 안녕하세요?

손님 2

Vokabelhilfe:
더: mehr
모두: insgesamt

아주머니: 4. . . . .
손님: 튀김 하나하고 만두 하나 주세요.
아주머니: 네, 알겠습니다.
(잠시 후)
손님: 아주머니, 여기 김치 좀 더 5. . . . .
아주머니: 네, 잠시만 기다리세요.
(잠시 후)
손님: 모두 6. . . . .
아주머니: 6,000 원입니다.
감사합니다. 7. . . . .

4. 1) 뭐 먹어요? 2) 뭐 해요?
3) 어서 오세요. 4) 잘 지냈어요?

5. 1) 먹어요. 2) 주세요.
3) 있어요. 4) 없어요.

6. 1) 몇 원이에요? 2) 먹어요.
3) 얼마예요? 4) 있어요.

7. 1) 또 가세요! 2) 안녕히 가세요!
3) 안녕히 계세요! 4) 안녕!

7. Lesen Sie den Text. Füllen Sie die Lücken mithilfe der Lösungen im Kasten aus (1-6) und beantworten Sie die Fragen (7-10).

점원: 어서 오세요!
토마스: 바지 좀 보여주세요.
점원: 이 바지 1. . . . .

토마스: 네, 좋아요. 얼마예요?

점원: 116,000원입니다.

토마스: 잠바 있어요?

점원: 네, 2. . . . .

토마스: 잠바 좀 보여주세요.

점원: 이 잠바 어떠세요? 이 디자인이 요즘 유행이에요.

토마스: 3. . . . . 얼마예요?

점원: 340,000원입니다.

토마스: 셔츠도 있어요?

점원: 셔츠는 저쪽에 있습니다.

토마스: 이 셔츠가 마음에 들어요. 이 셔츠는 4. . . . .?

점원: 67,000원입니다.

토마스: 셔츠도 주세요. 5. . . . . 얼마예요?

점원: 523,000원입니다.

토마스: 여기 있습니다.

점원: 감사합니다. 안녕히 가세요. 6. . . . .!

토마스: 안녕히 계세요.

또 오세요!	얼마예요?	어떠세요?	있습니다	네, 좋아요	모두

7. 토마스는 무엇을 사요? 모두 쓰세요.

. . . .

8. 잠바는 얼마예요? (Schreiben Sie die Zahlen auf Koreanisch!)

. . . .

9. 셔츠는 얼마예요? (Schreiben Sie die Zahlen auf Koreanisch!)

. . . .

10. 모두 얼마예요? (Schreiben Sie die Zahlen auf Koreanisch!)

. . . .

8. Lesen Sie den Text im Kasten und antworten Sie auf die Fragen.

오늘 시장에 가요. 시장에서 장을 봐요. 오늘 딸기가 싸요. 100g에 1,000원이에요. 포도는 비싸요. 100g에 1,800원이에요. 그래서 딸기를 사요. 딸기가 맛있어요.

1. 딸기를 500g 사요. 얼마예요?

. . . .

2. 포도는 얼마예요?

. . . .

3. 이 사람은 오늘 시장에서 무엇을 사요?

. . . .

Vokabelhilfe:
-에: per
싸다: günstig sein
딸기: Erdbeere
포도: Trauben
맛있다: schmecken
그래서: darum

9. Ergänzen Sie die Tabelle.

Koreanisch (Infinitiv)	**Deutsch (Infinitiv)**	**-아/어요**	**-ㅂ/습니다**	**-ㅂ/습니까?**
가다	*gehen*	*가요*	*갑니다*	*갑니까?*
먹다				
마시다				
읽다				
사다				
자다				
오다				
보다				
이야기하다				
운동하다				
유명하다				
보내다				
쉬다				
듣다				
살다				
만들다				

10. Bitte formulieren Sie die Sätze mit der formellen Satzendung um.

Vokabelhilfe:
무슨: welche(r/s)

1. 안녕하세요? 저는 미라예요.
   안녕하십니까? 저는 미라입니다.

2. 안녕하세요? 제 이름은 필립이에요.

....

3. 저는 학생이에요.

....

4. 미라 씨 있어요?

....

5. 미라 씨는 지금 없어요.

....

6. 무엇을 사요?

....

7. 어디에서 살아요?

....

8. 무슨 음악을 들어요?

....

9. 오늘 딸기 케이크를 만들어요.

....

10. 토마스 씨는 공원에서 산책해요.

....

11. 민수 씨는 회사에서 일해요.

....

II. Übersetzen Sie die Sätze ins Koreanische.

Vokabelhilfe:

이거: Abkürzung von 이것 (*das hier*), umgangsspr.

1. Wie viel kostet das hier?

. . . .

2. Wie viel kostet dieser Rock?

. . . .

3. Bitte zeigen Sie mir die Hose.

. . . .

4. Es ist zu teuer.

. . . .

5. Es kostet insgesamt 69.300 Won.

. . . .

6. Ich hätte gern eine Portion Kimbap.

. . . .

7. Bitte geben Sie mir mehr Kimchi.

. . . .

8. Das Portemonnaie gefällt mir.

. . . .

9. Die Schuhe sind zu groß.

. . . .

10. Kommen Sie noch mal vorbei!

. . . .

Lektion 14

I. Was heißen diese Lebensmittel?

☛ Suchen Sie unbekannte Wörter im Wörterbuch (z.B. https://dict.naver.com/dekodict/#/main).

딸기	오렌지	양파	소시지	사탕	우유
계란	감자	수박	오이	치즈	토마토

1. . . . .

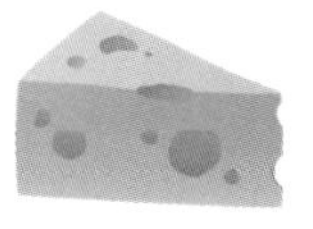

2. . . . .

3. . . . .

4. . . . .

5. . . . .

6. . . . .

7. . . . .

8. . . . .

9. . . . .

10. . . . .

11. . . . .

12. . . . .

2. Schreiben Sie mit den traditionellen Zahlen.

1	하나	11	
2		12	
3		13	
4		14	
5		15	
6		16	
7		17	
8		18	
9		19	
10		20	

3. Wie viele sind es? Ergänzen Sie die Lücken.

1. 딸기 .... 개
2. 딸기 .... 개
3. 딸기 .... 개
4. 딸기 .... 개
5. 딸기 .... 개

4. Tragen Sie die passende Zähleinheit ein.

명	권	병	잔	개

1. 책 한 ....
2. 학생 두 ....
3. 사과 열 ....
4. 커피 한 ....
5. 사과주스 두 ....
6. 물 다섯 ....
7. 우유 세 ....
8. 공책 여덟 ....
9. 의자 일곱 ....
10. 회사원 네 ....

5. Schreiben Sie die Menge der jeweiligen Gegenstände mit einer passenden Zähleinheit auf.

1. ....

2. ....

3. ....

4. ....

5. ....

6. ....

7. ....

6. Bringen Sie die Wörter in die richtige Reihenfolge!

1. 두, 공책, 권 ....
2. 학생, 명, 세 ....
3. 한, 경찰, 명 ....
4. 병, 두, 콜라 ....
5. 개, 여섯, 오렌지 ....
6. 네, 독일 사람, 명 ....
7. 개, 한, 수박 ....
8. 사탕, 개, 일곱 ....
9. 개, 열두, 계란 ....
10. 물, 병, 아홉 ....

7. Antworten Sie auf die Fragen!

1.

가: 사과가 몇 개 있어요?

나: *세 개 있어요.*

2.

가: 사과가 몇 개 있어요?

나: ....

3.

가: 커피가 몇 잔 있어요?

나: ....

4.

가: 빵을 몇 개 사요?

나: ....

5.

가: 공책을 몇 권 사요?

나: ....

6.

가: 학생이 몇 명 있어요?

나: ....

7.

가: 콜라가 몇 병 있어요?

나: ....

8. Schreiben Sie die Anzahl auf.

1.

사과 한 개하고 딸기 한 개

2.

....

3.  ....

4.  ....

5. 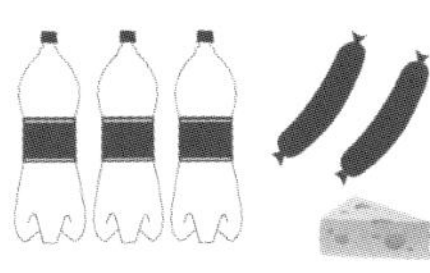 ....

6.  ....

9. Antworten Sie auf die Fragen.

1. 뭐 드릴까요?

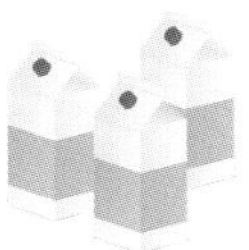 + 

....

2. 무엇을 사요?

 + 

....

3. 무엇을 마셔요?

 + 

. . . .

4. 무엇을 드릴까요?

 +  +  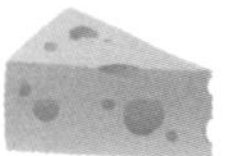

. . . .

5. 뭐 드릴까요?

 + 

. . . .

10. Ergänzen Sie die Lücken.

1. 가: 사과를 . . . . 사요?
   나: 다섯 개 사요.
2. 가: 공책을 . . . . 사요?
   나: 두 권 사요.
3. 가: 교실에 학생이 . . . . 있어요?
   나: 열 다섯 명 있어요.
4. 가: 사과 주스를 . . . . 마셔요?
   나: 두 잔 마셔요.
5. 가: 물을 . . . . 사요?
   나: 네 병 사요.
6. 가: 바나나를 . . . . 먹어요?
   나: 두 개 먹어요.
7. 가: 교실에 의자가 . . . . 있어요?
   나: 열여섯 개 있어요.

11. Füllen Sie die Tabelle aus.

Deutsch	Koreanisch
der/die/das erste	
der/die/das zweite	
der/die/das dritte	
der/die/das vierte	
der/die/das fünfte	
der/die/das sechste	
der/die/das siebte	
der/die/das achte	
der/die/das neunte	
der/die/das zehnte	

12. Lesen Sie den Text im Kasten und antworten Sie auf die Fragen!

토마스 씨는 오늘 슈퍼마켓에 가요. 슈퍼마켓에서 장을 봐요. 계란을 여섯 개 사요. 빵을 한 개 사요. 오렌지주스를 두 개 사요. 물을 두 병 사요. 오늘 오이가 신선해요. 오이를 네 개 사요.

Vokabelhilfe:
신선하다: frisch sein

1. 토마스 씨는 무엇을 사요?

. . . .

2. 물은 몇 병 사요?

. . . .

3. 오이는 몇 개 사요?

. . . .

4. 오렌지주스는 몇 개 사요?

. . . .

13. Lesen Sie den Text im Kasten und antworten Sie auf die Fragen!

교실에 칠판 하나하고 시계 하나가 있어요. 책상 열 개 하고 의자 열한 개가 있어요. 학생 여덟 명하고 선생님이 한 명 있어요.

Vokabelhilfe:
칠판: Schreibtafel

1. 교실에 무엇이 있어요?

. . . .

2. 교실에 학생이 몇 명 있어요?

. . . .

3. 교실에 시계가 몇 개 있어요?

. . . .

14. Lesen Sie den Text im Kasten (s.u.) und ergänzen Sie die Lücken!

점원: 어서 오세요? 뭐 드릴까요?
민수: 수박 있어요?
점원: 네, 있습니다.
민수: 한 개에 얼마예요?
점원: 15,000원입니다.
민수: 수박 한 개 주세요. 오렌지 있어요?
점원: 네, 있습니다.
민수: 오렌지는 얼마예요?
점원: 세 개에 10,000원입니다. 몇 개 드릴까요?
민수: 여섯 개 주세요.
점원: 네! 손님, 오늘 딸기가 맛있어요. 딸기도 좀 사세요.
민수: 그래요? 딸기는 얼마예요?
점원: 100g에 1,500원이에요.
점원: 딸기 주세요. 얼마나 드릴까요?
민수: 500g 주세요. 모두 얼마예요?
점원: 1. . . . . .원입니다.
민수: 여기 있어요. 안녕히 계세요.
점원: 감사합니다. 안녕히 가세요.

Vokabelhilfe:
-에: per
그램: Gramm
얼마나: wie viel
맛있다: schmecken
가게: Laden

15. Der Text im Kasten erklärt den Text unter Nr. 14. Ergänzen Sie die Lücken!

> 민수는 과일 가게에 있어요. 수박은 한 개에 2. . . . . 원이에요. 민수는 수박을 3. . . . . 사요. 오렌지는 4. . . . . 10,000원이에요. 민수는 오렌지를 5. . . . . 사요. 오늘 딸기가 맛있어요. 딸기는 100g 6. . . . . 1,500원이에요. 민수는 딸기를 7. . . . . 사요.

16. Übersetzen Sie die Sätze ins Koreanische.

1. Es gibt im Klassenzimmer zwei Schülerinnen.

. . . .

2. Ich kaufe drei Gurken.

. . . .

3. Minsu kauft Tomaten.

. . . .

4. Ich habe drei koreanischen Freunde.

. . . .

5. Laura trinkt ein Glas Wein.

. . . .

6. Thomas kauft zwei Brote und eine Milch.

. . . .

7. Ich hätte gern fünf Zwiebeln und sechs Eier.

. . . .

8. Ich hätte gern drei Äpfel und eine Flasche Wasser.

. . . .

9. Tobias kauft drei Bücher und sieben Kugelschreiber.

. . . .

10. Wie viele Orangen kaufen Sie?

. . . .

11. Wie viele Personen sind im Café?

. . . .

12. Wie viele Bücher sind auf dem Schreibtisch?

. . . .

Lektion 15

I. Welche Variante passt in die Lücke?

Vokabelhilfe:

더러워요: Gegenwartsform von 더럽다 (*schmutzig sein*) -에게: Dativ-Marker
재미없다: keinen Spaß machen 생신: Geburtstag (Honorific)

1. 내일 제 생일이에요. 그래서 친구들을 집에 . . . .
   1) 준비했어요 2) 왔어요 3) 초대했어요

2. 저는 이 영화 배우를 좋아해요. 이 영화 배우는 정말 . . . .
   1) 재미없어요 2) 맛있어요 3) 멋있어요

3. 어제 영화를 봤어요. 그 영화가 . . . . 저는 많이 웃었어요.
   1) 멋있었어요 2) 재미있었어요 3) 재미없었어요

4. 옷이 더러워요. . . . .
   1) 청소해요 2) 빨래해요 3) 운동해요

5. 어제 친구에게 이메일을 . . . .
   1) 썼어요 2) 읽었어요 3) 줬어요

6. 어제 엄마 생신이었어요. 그래서 케이크를 . . . .
   1) 마셨어요 2) 썼어요 3) 만들었어요

7. 유나 씨는 선생님이에요. 학교에서 영어를 . . . .
   1) 배워요　　2) 가르쳐요　　3) 공부해요

8. 저는 요즘 한국어를 . . . . 한국어 수업은 화요일하고 목요일에 있어요.
   1) 배워요　　2) 써요　　3) 있어요

9. 토마스는 오늘 한국어 시험이 . . . . 그래서 어제 한국어를 공부했어요.
   1) 봐요　　2) 있어요　　3) 예요

10. 내일 집에 여자 친구가 와요. 그래서 지금 . . . .
   1) 청소해요　　2) 읽어요　　3) 빨래해요

2. Ergänzen Sie die Tabelle!

Infinitiv	Gegenwart	Vergangenheit
먹다	*먹어요*	*먹었어요*
가다		
만나다		
오다		
읽다		
마시다		
주다		
배우다		
가르치다		
공부하다		
운동하다		
빨래하다		
만들다		
듣다		
쓰다		
쉬다		
있다		
없다		
이다		

3. Suchen Sie die passenden Wörter im Kasten aus und schreiben Sie sie in der passenden Form in die Lücken!

사다 오다 이다 사다 먹다 만들다 가다 사다 주다

어제는 누나의 생일 1. .... 저는 백화점에서 선물을 2. .... 동생은 꽃을 3. .... 동생하고 저는 같이 시장에 4. .... 시장에서 딸기를 5. .... 그리고 집에 6. ....

Vokabelhilfe:
기뻐하다: sich freuen
선물: Geschenk
우리: wir
케이크: Kuchen

우리는 같이 딸기 케이크를 7. .... 오늘 누나에게 선물하고 꽃을 8. .... 같이 케이크를 9. .... 누나는 기뻐했어요.

4. Suchen Sie die passenden Wörter im Kasten aus und schreiben Sie sie in der passenden Form in die Lücken!

만나다 오다 이다 초대하다 이다 있다

안녕하세요?
제 이름은 폴1. ....
미국 사람2. ....
이번에 한국에 처음 3. ....
저는 한국 친구가 한 명 4. ....
우리는 학교에서 처음 5. ....
제 친구가 이번 방학에 저를 한국에 6. ....

5. Suchen Sie die passenden Wörter im Kasten aus und schreiben Sie sie in der passenden Form in die Lücken!

이다 멋있다 듣다 이다 좋다 오다 보다

안녕하세요? 저는 안1. ....
베트남 사람2. ....

저는 지금 한국에서 대학교에 다녀요.
저는 전에 BTS의 음악을 자주 3. . . . .
그 음악이 아주 4. . . . .
그래서 한국에 5. . . . .
요즘 저는 한국 영화도 많이 6. . . . .
영화 배우들이 7. . . . .

Vokabelhilfe:
대학교: Hochschule
다니다: besuchen
전에: früher
자주: oft

6. Was passt zusammen?

1. 한국에 언제 왔어요?
2. 어제 뭐 했어요?
3. 지난 주말에 뭐 했어요?
4. 누구하고 같이 영화를 봤어요?
5. 어디에서 밥 먹었어요?
6. 어디에서 만났어요?

가. 여자 친구하고 같이 봤어요.
나. 식당에서 먹었어요.
다. 어제 왔어요.
라. 도서관에서 만났어요.
마. 지난 주말에 청소했어요.
바. 집에서 쉬었어요.

7. Schreiben Sie das passende Wort in die Lücken!

리사: 안녕, 미라 씨? 저 리사예요.
미라: 네, 리사 씨!
리사: 미라 씨, 어제 데이트 좋았어요?
미라: 네, 1. . . . .
리사: 어디에서 만났어요?
미라: 커피숍에서 2. . . . .
리사: 커피숍에서 이야기 많이 했어요?
미라: 아니요, 이야기는 조금만 3. . . . .
리사: 왜요?
미라: 우리는 배가 고팠어요.
그래서 같이 한국 식당에 4. . . . .
리사: 그 남자도 한국 음식을 잘 먹었어요?
미라: 네, 5. . . . .
리사: 그 다음에 집에 갔어요?
미라: 아니요, 영화관에 6. . . . .

Vokabelhilfe:
데이트: Date
조금만: nur ein bisschen
배가 고프다:
Hunger haben
잘: gut, wohl
아직 잘 모르겠어요:
Ich bin mir noch nicht sicher.

리사: 영화관에서 영화를 봤어요?

미라: 네, *매드 맥스*를 7. . . . .

리사: 그 남자가 마음에 들어요?

미라: 글쎄요, 아직 잘 모르겠어요.

8. Lesen Sie den Text und kreuzen Sie an: richtig oder falsch?

미하엘 씨는 지난 주말에 친구를 집으로 초대했습니다. 미하엘 씨는 음식을 준비했습니다. 음료수도 샀습니다. 청소도 했습니다.
미라 씨가 제일 먼저 도착했습니다.
«안녕하세요, 미라 씨!»
«안녕하세요, 미하엘 씨!»
«미하엘 씨, 이거 포도주예요.»
«아, 정말 고마워요!»
다니엘 씨하고 라우라 씨가 왔습니다. 라우라 씨는 꽃을 가지고 왔습니다.
미하엘 씨는 말했습니다.
«고마워요!»
모두 함께 음식을 먹었습니다. 포도주도 마셨습니다. 이야기를 많이 했습니다. 음악도 들었습니다. 즐거운 저녁이었습니다.

Vokabelhilfe:

지난 주말: letztes Wochenende
준비하다: vorbereiten
음료수: Getränke
제일 먼저: zuallererst
도착하다: ankommen
이거: das hier (umgangsspr.)
포도주: Wein
가지고 오다: mitbringen
많이: viel
즐거운: fröhlich, schön
저녁: Abend
노래를 불러요: Gegenwartsform von 노래를 부르다 (*singen*); unregelm.

		R	F
1.	미하엘 씨는 지난 주말에 친구를 초대했습니다.	O	O
2.	미하엘 씨는 지난 주말에 생일 파티를 했습니다.	O	O
3.	라우라 씨가 제일 먼저 도착했습니다.	O	O
4.	다니엘 씨는 꽃을 가지고 왔습니다.	O	O
5.	미라 씨는 포도주를 가지고 왔습니다.	O	O

6.	미하엘 씨는 지난 주말에 빨래를 했습니다.	O	O
7.	함께 맥주를 마셨습니다.	O	O
8.	모두 함께 노래를 불렀습니다.	O	O
9.	모두 함께 음악을 들었습니다.	O	O

Vokabelhilfe:
옛날에: früher
돈이 많다: viel Geld haben

9. Übersetzen Sie die Sätze ins Koreanische!

1. Was hast du gestern gemacht?

. . . .

2. Ich habe Koreanisch gelernt.

. . . .

3. Laura hat geputzt.

. . . .

4. Ich bin gestern nach Korea gekommen.

. . . .

5. Der Mann hatte früher viel Geld.

. . . .

6. Michael hat am letzten Wochenende Wäsche gewaschen.

. . . .

7. Der Schauspieler ist cool.

. . . .

8. Wann haben Sie Freunde eingeladen?

. . . .

9. Der Mann war ein Deutscher.

. . . .

10. Die Frau war im Restaurant.

. . . .

10. Schreiben Sie wie im Beispieltext, was Sie am Wochenende gemacht haben.

> **보기:**
>
> 저는 지난 주말에 장을 봤어요. 감자, 토마토, 계란을 샀어요. 그리고 청소를 했어요. 그 다음에 강아지하고 산책했어요. 저녁에 남자 친구를 만났어요. 우리는 같이 한국 식당에서 밥을 먹었어요. 음식이 맛있었어요. 즐거운 저녁이었어요.

Lektion 16

1. Schreiben Sie die Zahlen auf Koreanisch!

1. 1 Uhr = ... 시
2. 2 Uhr = ... 시
3. 3 Uhr = ... 시
4. 4 Uhr = ... 시
5. 5 Uhr = ... 시
6. 6 Uhr = ... 시
7. 7 Uhr = ... 시
8. 8 Uhr = ... 시
9. 9 Uhr = ... 시
10. 10 Uhr = ... 시
11. 11 Uhr = ... 시
12. 12 Uhr = ... 시

2. Schreiben Sie die Zahlen auf Koreanisch!

1. 8 Minuten = ... 분
2. 15 Minuten = ... 분
3. 30 Minuten = ... 분 = ...
4. 40 Minuten = ... 분
5. 48 Minuten = ... 분
6. 55 Minuten = ... 분

3. Was passt zusammen?

1.	오전 •	• Nacht
2.	오후 •	• Mittag
3.	아침 •	• Nachmittag
4.	점심 •	• Morgen
5.	저녁 •	• Vormittag
6.	밤 •	• Abend

4. Antworten Sie auf die Frage wie im Beispiel.

보기: 17 Uhr 가: 몇 시예요? 나: 오후 다섯 시예요.

1. 15 Uhr 가: 몇 시예요?
   나: . . . .

2. 3 Uhr 30 가: 몇 시예요?
   나: . . . .

3. 1 Uhr 15 가: 몇 시예요?
   나: . . . .

4. 20 Uhr 가: 몇 시예요?
   나: . . . .

5. 22 Uhr 20 가: 몇 시예요?
   나: . . . .

6. 16 Uhr 45 가: 몇 시예요?
   나: . . . .

7. 9 Uhr 10 가: 몇 시예요?
   나: . . . .

8. 11 Uhr 30 가: 몇 시예요?
   나: . . . .

9. 12 Uhr 가: 몇 시예요?

나: . . . .

10. 19 Uhr 35 가: 몇 시예요?

나: . . . .

5. 몇 시에 뭐 해요? Bilden Sie Sätze wie im Beispiel.

보기: 17 Uhr, 운동하다 → 오후 다섯 시에 운동해요.

1. 7 Uhr, 일어나다 → . . . .
2. 7 Uhr 30, 아침 식사를 하다 → . . . .
3. 8 Uhr, 회사에 가다 → . . . .
4. 10 Uhr, 일하다 → . . . .
5. 12 Uhr, 점심 식사를 하다 → . . . .
6. 16 Uhr, 커피를 마시다 → . . . .
7. 17 Uhr, 집에 오다 → . . . .
8. 21 Uhr, 저녁 식사를 하다 → . . . .
9. 22 Uhr, 텔레비전을 보다 → . . . .
10. 23 Uhr, 자다 → . . . .

6. Was passt zusammen?

Vokabelhilfe:
회의: Meeting 회의실: Meetingraum

1. 몇 시에 학교에 가요?
2. 언제 아침을 먹어요?
3. 무슨 요일에 시험이 있어요?
4. 어디에 가요?
5. 누구를 만나요?
6. 뭐 먹어요?
7. 이 바지 어때요?
8. 생일이 며칠이에요?
9. 어디에서 회의를 해요?

가. 피자를 먹어요.
나. 좋아요. 멋있어요.
다. 일곱 시에 학교에 가요.
라. 친구들을 만나요.
마. 금요일에 시험이 있어요.
바. 여섯 시 반에 아침을 먹어요.
사. 회의실에서 회의를 해요.
아. 백화점에 가요.
자. 5월 30일이에요.

7. Das ist Miras Stundenplan. Antworten Sie auf die Fragen!

	금요일	
7:00	아침 식사	
8:00		
9:00	회의	회의실
10:00		
11:00	전화, 김철	
12:00	점심 식사, 토비	회사 식당
13:00		
14:00	비자 신청	한국 대사관
15:00		
16:00	커피	휴게실
17:00		
18:00	한국어 수업	VHS

Vokabelhilfe:

비자: Visum
신청: Antrag
아침 식사: Frühstück
아침 식사를 하다: frühstücken
점심 식사: Mittagessen
점심 식사를 하다: zu Mittag essen; vgl. die eher umgangsspr. Vokabeln 아침을 먹다 (*frühstücken*), 점심을 먹다 (*zu Mittag essen*) und 저녁을 먹다 (*zu Abend essen*)

1. 미라 씨는 몇 시에 회의가 있어요?

. . . .

2. 미라 씨는 몇 시에 커피를 마셔요?

. . . .

3. 어디에서 커피를 마셔요?

. . . .

4. 미라 씨는 금요일 9 시에 어디에 있어요?

. . . .

5. 미라 씨는 언제 비자를 신청해요?

. . . .

6. 미라 씨는 금요일 몇 시에 점심 식사를 해요?

. . . .

7. 금요일에 누구하고 어디에서 점심을 먹어요?

....

8. 미라 씨는 언제 한국어 수업이 있어요?

....

8. Das ist Tobias‘ Stundenplan. Antworten Sie auf die Fragen!

	토요일	
7:00	아침 식사	
8:00	산책	공원
9:00	청소	
10:00	장보기	레베 (REWE)
11:00	빨래	
12:00	요리	
13:00	점심 식사	
14:00	낮잠	
15:00		
16:00	여자 친구	커피숍
17:00	영화, 여자 친구	바빌론 (Babylon) 극장
19:30	저녁 식사, 여자 친구	베트남 식당

Vokabelhilfe:
낮잠: Mittagsschlaf
저녁 식사: Abendessen
저녁 식사를 하다: zu Abend essen

1. 토비아스 씨는 언제 아침 식사를 해요?

....

2. 토비아스 씨는 몇 시에 산책해요? 어디에서 산책해요?

....

3. 토비아스 씨는 몇 시에 청소해요?

....

4. 언제 장 봐요? 어디에서 봐요?

....

5. 11 시에는 뭐 해요?

....

6. 몇 시에 요리해요?

....

7. 언제 점심을 먹어요?

....

8. 오후 두 시에는 뭐 해요?

....

9. 언제 여자 친구를 만나요? 어디에서 만나요?

....

10. 토비아스 씨는 토요일 오후 다섯 시에 뭐 해요?

....

11. 토비아스 씨는 언제 저녁 식사해요? 누구하고 어디에서 먹어요?

....

9. Beschreiben Sie Ihren Tagesablauf: Wann machen Sie was?

....

....

....

....

....

....

....

....

....

....

....

10. Ergänzen Sie die Tabelle!

Infinitiv	-ㄹ/을까요?	Infinitiv	-ㄹ/을까요?
가다	*갈까요?*	자다	
보다		오다	
읽다		마시다	
앉다		먹다	
청소하다		공부하다	
산책하다		요리하다	
만들다		놀다	
주다		쉬다	
듣다		걷다	

11. Was passt hier *nicht*?

Vokabelhilfe:
헬스클럽: Fitnessstudio
다: alles
좋은 생각: gute Idee

1. 오늘 한국 식당에 갈까요?
   □ 네, 좋아요. 오늘은 약속이 있어요.
   □ 미안해요, 오늘은 좀 바빠요.
   □ 좋아요, 서울 식당 어때요?

2. 어디에서 운동 할까요?
   □ 네, 좋아요.
   □ 공원에서 할까요?
   □ 헬스 클럽은 어때요?

3. 오늘은 어디에서 공부할까요?
   □ 네, 공부해요.
   □ 도서관에서 공부할까요?
   □ 커피숍은 어때요?

4. 무슨 식당에 갈까요?
   □ 중국 식당 어때요?
   □ 글쎄요, 저는 다 괜찮아요.
   □ 내일 갈까요?

5. 주말에 같이 요리할까요?
   □ 미안해요, 주말에는 다른 약속이 있어요.
   □ 한국 음식을 좋아해요.
   □ 네, 좋은 생각이에요.

12. Was passt zusammen?

1. 오늘 같이 쇼핑할까요?
2. 토요일 몇 시에 만날까요?
3. 뭐 먹을까요?
4. 오늘 영화를 볼까요?
5. 내일 같이 한국어를 공부할까요?
6. 내일 어디에서 저녁을 먹을까요?
7. 주말에 공원에서 산책할까요?
8. 무슨 영화를 볼까요?

가. 비빔밥 어때요?
나. 미안해요, 주말에는 다른 약속이 있어요.
다. 미안해요, 오늘은 좀 바빠요.
라. 네, 좋아요. 오늘 시간이 있어요. 무슨 영화를 볼까요?
마. *매드 맥스 봤어요? 매드 맥스*를 볼까요?
바. 다섯 시 반 어때요?
사. *부산* 식당 어때요? 거기 음식이 맛있어요.
아. 네, 좋아요. 그럼 내일 도서관 앞에서 만날까요?

Vokabelhilfe:
바쁘다: beschäftigt sein
거기: dort

13. Bilden Sie Sätze wie im Beispiel.

보기: 어디, 식사하다 → 어디에서 식사할까요?

1. 내일, 같이, 영화 보다 → ....
2. 내일, 어디, 만나다 → ....
3. 몇 시, 집, 가다 → ....
4. 주말, 같이, 미라 씨 집, 가다 → ....
5. 수요일, 무슨 음식, 만들다 → ....
6. 뭐, 먹다 → ....
7. 무슨 음악, 듣다 → ....
8. 오늘, 우리, 파티를 하다 → ....

14. Lesen Sie den Text und antworten Sie auf die Fragen.

> **Vokabelhilfe:**
> 물어보다: fragen
> 기분이 좋다: gut gelaunt sein
> 대답하다: antworten

유나 씨가 전화를 해요.
«안녕하세요, 토마스 씨!»
«안녕하세요, 유나 씨!»
유나 씨는 토마스 씨에게 물어봐요.
«우리 같이 영화관에 갈까요?»
토마스 씨는 대답해요.
«네, 좋아요. 언제 갈까요?»
«금요일 오후 일곱 시 어때요?»
«네, 좋아요. 그때 저도 시간 있어요.»
유나 씨와 토마스 씨는 금요일 오후 일곱 시에 영화관 앞에서 만나요. 같이 영화를 봐요. 그리고 같이 베트남 식당에 가요. 같이 저녁 식사를 해요. 두 사람은 기분이 좋아요.

1. 유나 씨와 토마스 씨는 어디에서 만나요?

. . . .

2. 유나 씨와 토마스 씨는 저녁에 뭐 해요?

. . . .

3. 두 사람은 언제 만나요?

. . . .

15. Übersetzen Sie die Sätze ins Koreanische.

1. Es ist 13:30 Uhr.

. . . .

2. Wie spät es ist gerade?

. . . .

3. Wann gehst du zur Schule?

....

4. Ich treffe Yuna um 15 Uhr.

....

5. Thomas frühstückt normalerweise um 7 Uhr.

....

6. Um wie viel Uhr isst Lisa zu Mittag?

....

7. Wollen wir heute zusammen zu Abend essen?

....

8. Wo sollen wir uns treffen?

....

9. Wir treffen uns am Sonntag um 10 Uhr vor der Schule.

....

10. Es tut mir leid. Ich habe eine andere Verabredung.

....

Lektion 17

I. Was machen diese Personen?

전화를 하다	배드민턴을 치다	피아노를 치다
춤을 추다	등산을 하다	기타를 치다
수영을 하다	공연을 보다	그림을 그리다

1. . . . .

2. . . . .

3. . . . .

4. . . . .

5. . . . .

6. . . . .

7. . . . .

8. . . . .

9. . . . .

2. Welche Variante passt?

1. 산에서 . . . .
   1) 청소해요. 2) 등산을 해요. 3) 책을 빌려요.

2. 수영장에서 . . . .
   1) 공부를 해요. 2) 수영을 해요. 3) 빨래해요.

3. 클럽에서 . . . .
   1) 등산을 해요. 2) 수영을 해요. 3) 춤을 춰요.

4. 친구에게 . . . .
   1) 전화해요. 2) 만나요. 3) 게임을 해요.

5. 집에서 친구들하고 게임을 . . . .
   1) 쳐요. 2) 해요. 3) 춰요.

6. 집에서 그림을 . . . .
   1) 만들어요. 2) 해요. 3) 그려요.

7. 공연장에서 . . . .
   1) 음악을 들어요. 2) 배드민턴을 쳐요. 3) 테니스를 쳐요.

8. 주말에 클럽에서 기타를 . . . .
   1) 춰요. 2) 해요. 3) 쳐요.

9. 수요일마다 피아노를 . . . .
   1) 쳐요. 2) 해요. 3) 봐요.

10. 저는 채식주의자예요. . . . . .를 안 먹어요.
    1) 채소 2) 음식 3) 고기

Vokabelhilfe:

수영장: Schwimmbad 클럽: Club 공연장: Veranstaltungsort
-마다: jede(r/s) 채식주의자: VegetarierIn

3. Verneinen Sie die Verben!

가다	*안 가다*	먹다	
오다		마시다	
보다		듣다	
공부하다		깨끗하다	
운동하다		피곤하다	
좋아하다		일하다	
맛있다		재미있다	

4. Verneinen Sie die Sätze mit 안!

1. 우도 씨는 아이스크림을 좋아해요.

. . . .

2. 마리 씨는 고기를 먹어요.

. . . .

3. 제 동생이 주말에 운동을 해요.

. . . .

4. 어제 친구하고 도서관에 갔어요.

. . . .

5. 어제 커피숍에서 공부했어요.

. . . .

6. 친구에게 전화해요.

. . . .

7. 지금 피곤해요.

. . . .

8. 화장실이 깨끗해요.

. . . .

5. Verneinen Sie die Verben mit -지 않다!

가다	*가지 않다*	좋아하다	
먹다		듣다	
사다		치다	
읽다		타다	
이야기하다		마시다	
전화하다		운동하다	
피곤하다		산책하다	
재미있다		재미없다	

6. Verneinen Sie die Sätze mit -지 않다!

Vokabelhilfe:
다니다: fahren (Verkehrsmittel)
숙제: Hausaufgabe

1. 미하엘은 오늘 도서관에 가요.

. . . .

2. 오늘 지하철이 다녀요.

. . . .

3. 슈퍼마켓에 사람들이 많아요.

. . . .

4. 저는 고기를 먹어요.

. . . .

5. 올리버 씨는 책을 많이 읽었어요.

. . . .

6. 프리츠 씨는 초콜릿을 좋아해요.

. . . .

7. 어제 일했어요.

. . . .

8. 오늘 숙제를 했어요.

. . . .

7. Füllen Sie die Lücken aus!

1. 가: 오늘 바빠요?

   나: 아니요, ... 오늘은 시간이 많아요.

Vokabelhilfe:
영어 학원: Sprachschule für Englisch
휴가: Urlaub
그냥: einfach; nur so

2. 가: 오늘 회사에 가요?

   나: 아니요, ... 휴가예요.

3. 가: 요즘에도 일본어를 공부해요?

   나: 아니요, 요즘에는 . . . . 한국어를 공부해요.

4. 가: 어제 쇼핑했어요?

   나: 아니요, 어제 . . . . 어제는 집에서 쉬었어요.

5. 가: 주말에 청소했어요?

   나: 아니요, 주말에 . . . . 수요일에 청소했어요.

6. 가: 오늘 시간 있어요?

   나: 미안해요, 오늘 . . . . 오늘 좀 바빠요.

7. 가: 요즘에도 영어 학원에 다녀요?

   나: 아니요, 요즘에는 . . . . 요즘에는 한국어 학원에 다녀요.

8. 가: 주말에 운동했어요?

   나: 아니요, ... 집에서 그냥 쉬었어요.

8. Verneinen Sie die Sätze!

1. 유나 씨가 금요일 오후에 친구를 만나요.

. . . .

2. 이 식당은 비빔밥이 맛있어요.

. . . .

3. 이 영화가 재미있어요.

. . . .

4. 토마스 씨는 지금 집에 있어요.

. . . .

5. 오늘은 토요일이에요.

. . . .

6. 저는 한국 친구가 많아요.

. . . .

7. 유나 씨 생일은 7월 21일이에요.

. . . .

8. 마티아스 씨가 음악 공연에 자주 가요.

. . . .

9. Stellen Sie sich / den anderen diese Fragen! Antworten Sie wie im Beispiel mit Satz.

보기: 가: 초콜릿을 좋아해요? 네 □ 아니요 ☑
나: 아니요, 초콜릿을 안 좋아해요/초콜릿을 좋아하지 않아요.

1.	학생이에요?	네 □	아니요 □
2.	한국 사람이에요?	네 □	아니요 □
3.	한국 음식을 좋아해요?	네 □	아니요 □
4.	피아노를 쳐요?	네 □	아니요 □
5.	책을 자주 읽어요?	네 □	아니요 □
6.	기타를 쳐요?	네 □	아니요 □
7.	라면을 좋아해요?	네 □	아니요 □

8. 산책을 자주 해요? 네 □ 아니요 □
9. 한국 친구가 있어요? 네 □ 아니요 □
10. 술을 자주 마셔요? 네 □ 아니요 □
11. 일찍 일어나요? 네 □ 아니요 □
12. 등산을 해요? 네 □ 아니요 □

10. Suchen Sie die passende Antwort aus!

1. 운동을 자주 해요? ....
2. 피곤해요? ....
3. 한국 식당에 자주 가요? ....
4. 술을 자주 마셔요? ....
5. 식당에서 자주 식사해요? ....
6. 김치가 매워요? ....
7. 친구를 자주 만나요? ....
8. 커피를 자주 마셔요? ....

- 아니요, 술을 전혀 안 마셔요.
- 네, 자주 만나요.
- 아니요, 별로 안 피곤해요.
- 아니요, 가끔 가요.
- 아니요, 커피를 자주 안 마셔요. 커피를 별로 안 좋아해요.
- 네, 항상 식당에서 식사해요.
- 아니요, 김치가 별로 안 매워요.
- 아니요, 운동을 거의 안 해요.

Vokabelhilfe:
매워요: Gegenwartsform von 맵다 (*scharf sein*)

11. Antworten Sie mit dem gegebenen Wort!

1. 유나 씨가 배드민턴을 자주 쳐요?
   (자주) *네, 자주 쳐요.*
2. 크리스티안 씨가 클럽에 자주 가요?
   (가끔) ....

3. 이 핸드폰이 비싸요?

(별로) ....

4. 라우라 씨가 요즘에도 민수 씨를 자주 만나요?

(거의) ....

5. 제렌 씨가 케이 팝(K-Pop)을 들어요?

(전혀) ....

6. 레나 씨가 보통 커피숍에서 공부해요?

(언제나) ....

7. 토비아스 씨가 한국 음식을 자주 만들어요?

(자주) ....

8. 라우라 씨는 수영을 자주 해요?

(가끔) ....

9. 페터 씨는 보통 자전거를 타고 다녀요?

(언제나) ....

10. 이 영화가 재미있어요?

(별로) ....

11. 하인리히 씨가 한국 드라마를 봐요?

(전혀) ....

12. 철수 씨가 커피를 자주 마셔요?

(거의) ....

12. Lesen Sie den Text und antworten Sie auf die Fragen!

진아 씨는 서울에서 혼자 살아요. 진아 씨 가족은 부산에서 살아요. 진아 씨 직업은 호텔 매니저예요. 진아 씨는 이 일이 별로 마음에 **들다**. 하지만 월급이 괜찮아요. 진아 씨는 친구가 많지 않아요. 친구들은 대부분 결혼했어요. 친구들은 저녁에 시간이 별로 없어요. 진아 씨는 보통 여섯 시에 퇴근해요. 진아 씨는 요리를 안 좋아해요. 그래서 슈퍼마켓에서 인스턴트 음식을 사요. 집에서 혼자 텔레비전을 보면서 저녁을 먹어요. 가끔 가족들하고 전화해요. 지금까지 별로 외롭지 않았어요. 하지만 요즘은 가끔 친구를 사귀고 싶어요.

1. 진아 씨는 어디에서 살아요?

. . . .

2. 진아 씨 직업은 뭐예요?

. . . .

3. 진아 씨는 진아 씨 일을 좋아해요?

. . . .

4. 진아 씨는 왜 이 일을 해요?

. . . .

5. 진아 씨는 친구가 많아요?

. . . .

6. 진아 씨는 요리를 좋아해요?

. . . .

7. 진아 씨는 보통 누구하고 저녁을 먹어요?

. . . .

8. 진아 씨는 얼마나 자주 가족하고 전화해요?

. . . .

9. Passen Sie das fett markierte Verb grammatisch an seinen Kontext an!

. . . .

Vokabelhilfe:

혼자: allein
살다: wohnen
매니저: Manager
마음에 들다: gefallen
월급: Gehalt
대부분: meist
결혼하다: heiraten
퇴근하다: Feierabend machen
VS(으)면서: während
-까지: bis
외롭다: einsam sein
사귀다: kennenlernen
VS고 싶다: mögen im Konj. II; wollen
얼마나 자주: wie oft

13. Lesen Sie den Dialog und antworten Sie auf die Fragen!

다니엘라:	준호 씨는 취미가 뭐예요?
준호:	저는 음악을 좋아해요. 그래서 공연장에 자주 가요. 다니엘라 씨는요?
다니엘라:	저도 음악을 좋아해요. 준호 씨는 무슨 음악을 좋아해요?
준호:	저는 재즈를 좋아해요. 다니엘라 씨는요?
다니엘라:	저는 케이팝(K-Pop)을 자주 들어요. 준호 씨도 케이팝(K-Pop)을 좋아해요?
준호:	아니요, 저는 케이팝(K-Pop)을 별로 안 좋아해요.
다니엘라:	준호 씨, 또 다른 취미가 있어요?
준호:	저는 등산을 자주 해요. 우리 집 근처에 산이 많아요. 다니엘라 씨도 등산을 해요?
다니엘라:	아니요, 저는 등산을 안 해요. 우리 집 근처에는 산이 없어요. 저는 배드민턴을 좋아해요.
준호:	배드민턴을 자주 쳐요?
다니엘라:	네, 토요일에는 항상 친구들하고 배드민턴을 쳐요.
준호:	저도 가끔 배드민턴을 쳐요. 우리 언제 같이 배드민턴 칠까요?
다니엘라:	좋아요! 언제 시간 있어요?

Vokabelhilfe:
재즈: Jazz
근처에: in der Nähe
언제 같이: irgendwann zusammen

1. 다니엘라 씨는 무슨 음악을 좋아해요?

....

2. 준호 씨는 무슨 음악을 자주 들어요?

....

3. 준호 씨는 케이팝(K-Pop)을 좋아해요?

....

4. 다니엘라 씨는 무슨 운동을 자주 해요?

....

5. 다니엘라 씨는 언제 배드민턴을 쳐요?

. . . .

6. 다니엘라 씨는 왜 등산을 안 해요?

. . . .

7. 준호 씨는 무슨 운동을 자주 해요?

. . . .

8. 준호 씨는 배드민턴을 자주 쳐요?

. . . .

14. Übersetzen Sie die Sätze ins Koreanische!

1. Ich esse kein Fleisch.

. . . .

2. Nina arbeitet heute nicht.

. . . .

3. Ich bin gar nicht müde.

. . . .

4. Nina mag Filme nicht besonders.

. . . .

5. Ich trinke kaum Kaffee.

. . . .

6. Yuna, was ist dein Hobby?

. . . .

7. Thomas isst immer im Restaurant.

. . . .

8. Andrea ruft Daniela oft an.

. . . .

9. Meine große Schwester hat oft Klavier gespielt.

. . . .

10. Ich habe heute keine Hausaufgabe gemacht.

. . . .

15. Was ist Ihr Hobby? Welche Tätigkeiten machen Sie gern? Welche nicht? Schreiben Sie wie im Beispiel einen kurzen Text.

보기:

제 취미는 그림 그리기예요. 저는 만화 캐릭터를 자주 그려요.

저는 요리도 좋아해요. 유튜브에서 요리 채널을 자주 봐요. 이탈리아 요리를 자주 만들어요. 매주 토요일에는 친구들하고 축구를 해요. 축구는 아주 재미있어요.

저는 책을 별로 안 좋아해요. 책을 거의 안 읽어요. 컴퓨터 게임도 별로 안 좋아해요. 컴퓨터 게임은 재미없어요.

Vokabelhilfe:

그림 그리기: Zeichnung
유튜브: YouTube
채널: Kanal
만화: Manga, Comics
캐릭터: Figur
축구를 하다: Fußball spielen
컴퓨터 게임: Computerspiel

Lektion 18

1. Fügen Sie wie im Beispiel zu den Verben -ㄹ래요 oder -을래요 hinzu.

보기: 가다 → 갈래요

1. 먹다 → . . . .
2. 자다 → . . . .
3. 운동하다 → . . . .
4. 읽다 → . . . .
5. 일하다 → . . . .
6. 쉬다 → . . . .
7. 듣다 → . . . .
8. 춤추다 → . . . .
9. 만들다 → . . . .
10. 살다 → . . . .

2. Suchen Sie die passende Antwort!

1. 뭐 먹을래요?
2. 어디에서 만날래요?
3. 차 마실래요?
4. 이번 토요일에 같이 영화 볼래요?
5. 내일 우리 집에 올래요?
6. 우리 산책할래요?
7. 무슨 음악을 들을래요?
8. 몇 시에 갈래요?

가. 아니요, 저는 그냥 집에서 쉴래요.
나. 세 시 어때요?
다. 네, 좋아요. 뭐 볼까요?
라. 음, 학교 앞 김밥나라에서 만날래요?
마. 미안해요, 내일은 약속이 있어요.
바. 조용한 음악 어때요?
사. 저는 햄버거를 먹을래요.
아. 네, 좋아요.

Vokabelhilfe:
조용한: ruhig

3. Stellen Sie mit der Verb-Endung -ㄹ/을래요? eine passende Frage.

Vokabelhilfe:
방금: eben, gerade
한국 가요: populäres koreanisches Lied

1. 가: (먹다) ....
   나: 저는 불고기를 먹을래요.
2. 가: (커피 마시다) ....
   나: 아니요, 안 마실래요. 방금 커피를 마셨어요.
3. 가: (같이 여행 가다) ....
   나: 네, 좋아요. 어디로 갈까요?
4. 가: (등산하다) ....
   나: 좋아요. 주말에 같이 등산해요.
5. 가: (한잔하다) ....
   나: 미안해요. 오늘 저녁에는 약속이 있어요.
6. 가: (듣다) ....
   나: 네, 좋아요. 저도 한국 가요를 좋아해요.
7. 가: (만들다) ....
   나: 우리 딸기 케이크를 만들어요.
8. 가: (보다)...........................
   나: 한국 영화 어때요?

4. Suchen Sie eine passende Antwort!

가. 네, 그냥 집에서 쉬어요.
나. 좋아요. 같이 해요.
다. 네, 같이 배드민턴을 쳐요.
라. 한국 드라마를 봐요.
마. 좋아요. 한잔 해요.
바. 좋아요. 그때 봐요.
사. 오늘은 스파게티가 어때요?
아. 노래방에 가요.

Vokabelhilfe:
후에: nach
식사: Essen
이따가: später
맥주: Bier

1. 식사 후에 어디에 갈까요?

. . . .

2. 주말에 배드민턴 칠래요?

. . . .

3. 뭐 볼래요?

. . . .

4. 수업 후에 맥주 한잔할까요?

. . . .

5. 오늘은 그냥 집에서 쉴까요?

. . . .

6. 같이 공부해요.

. . . .

7. 이따가 여섯 시에 만나요.

. . . .

8. 뭐 먹을까요?

. . . .

5. Lesen Sie den Dialog, füllen Sie die Lücken aus und antworten Sie auf die Fragen!

Vokabelhilfe:
냉면: koreanisches Gericht (kalte Nudeln)
갈비탕: koreanisches Gericht (Rinderrippensuppe)
공짜이다: umsonst sein
돈: Geld
받다: bekommen
정말: wirklich

라우라: 미하엘 씨, 뭐 먹을래요?
미하엘: 저는 냉면을 .... 라우라 씨는요?
라우라: 저는 갈비탕을 먹을래요.
미하엘: 뭐 ....? 사이다 마실래요?
라우라: 아니요, 저는 물을 ....
미하엘: 그럼 저도 물을 마실래요.
라우라: 여기요!
직원: 네! ....?
라우라: 네, 냉면 하나하고 갈비탕 하나, 그리고 물 두 잔 주세요.
직원: 냉면 하나하고 갈비탕 하나, 그런데 물은 무료예요.
라우라: 네? 무료가 뭐예요?
직원: 공짜예요. 0 원이에요! 한국에서는 물은 돈을 안 받아요.
라우라: 아, 정말요?

1. 라우라 씨는 무엇을 먹어요?

....

2. 미하엘 씨는 무엇을 마셔요?

....

3. 물은 얼마예요?

....

6. Lesen Sie den Dialog und antworten Sie auf die Fragen!

Vokabelhilfe:
유명한: berühmt
축제: Fest
뮌헨: München
거기서: dort
그때 봐요: Bis dann!

미라: 안녕하세요, 울리 씨!
울리: 안녕하세요, 미라 씨!
미라 씨, 이번 주말에 시간 있어요?
미라: 왜요?
울리: 이번 주말에 우리 같이 뮌헨에 갈래요?
미라: 뮌헨이요?
울리: 네, 이번 주말에 뮌헨에서 유명한 축제가 있어요.
미라: 무슨 축제예요?
울리: *옥토버페스트*예요. 알아요?
미라: 아, 네! 텔레비전에서 봤어요.
울리: 그 축제에 같이 가요!
미라: 좋아요! 이번 주말에 시간 있어요.
뮌헨까지 어떻게 갈까요?
울리: 기차를 타고 가요.
미라: 좋아요.
언제 어디에서 만날까요?
울리: 토요일 아침 8 시에 *하웁트반호프* 역에서 만날래요?
미라: 좋아요. 거기서 만나요.
울리: 그럼 그때 봐요!

1. 두 사람은 이번 주말에 어디에 가요?

. . . .

2. 뮌헨에 왜 가요?

. . . .

3. 무엇을 타고 가요?

. . . .

4. 두 사람은 언제 어디에서 만나요?

. . . .

7. Wie würden Sie auf die Vorschläge reagieren?

보기: 가: 오후에 같이 운동해요.
Option 1. 나: 좋아요. 같이 해요. 어디에서 할까요?
Option 2. 나: 미안해요. 오늘은 좀 쉬고 싶어요.

1. 우리 오늘 같이 한국 식당에 가요.

. . . .

2. 같이 한국어 공부해요.

. . . .

3. 내일 영화 볼래요?

. . . .

4. 오늘 수업 후에 같이 식사할래요?

. . . .

5. 같이 춤출래요?

. . . .

6. 우리 같이 쇼핑해요.

. . . .

7. 같이 카드게임 할래요?

. . . .

8. 내일 제 생일 파티에 올래요?

. . . .

8. Was würden Sie in diesen Situationen vorschlagen? Nutzen Sie unterschiedliche Formulierungen.

1. Sie wollen mit Sujin in der Bibliothek Koreanisch lernen.

....

2. Sie möchten mit Sumi heute im Kaufhaus shoppen.

....

3. Sie wollen morgen mit Jeongguk schwimmen gehen.

....

4. Sie wollen mit Junwoo im Park Sport machen.

....

5. Sie wollen mit den Klassenkameraden Fotos machen.

....

6. Sie wollen mit Ihren Kollegen am Freitag zum Karaoke gehen.

....

9. Übersetzen Sie diese Sätze ins Koreanische!

1. Was willst du essen?

....

2. Ich nehme Bibimbap.

....

3. Willst du morgen zu mir nach Hause kommen?

....

4. Wollen wir spazieren gehen?

....

5. Lass uns dieses Wochenende einen Film schauen.

....

6. Würden Sie jetzt bestellen?

. . . .

7. Wollen wir zusammen Computerspiele spielen?

. . . .

8. Ja, gern. Spielen wir zusammen.

. . . .

9. Was wollen Sie in Seoul machen?

. . . .

10. Ich will in Seoul die alten Paläste anschauen.

. . . .

Lektion 19

I. Suchen Sie das passende Wort aus.

흐리다	비가 오다	덥다
시원하다	따뜻하다	맑다
눈이 오다	춥다	바람이 불다

1. . . . .

2. . . . .

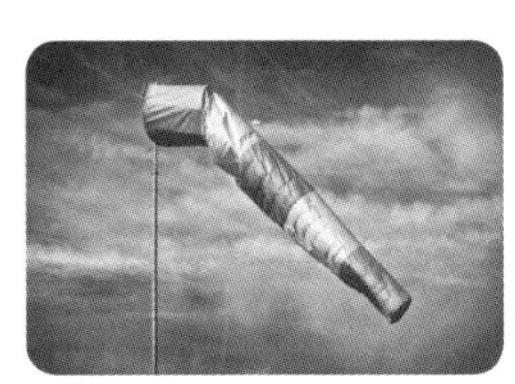

3. . . . .

4. . . . .

5. . . . .

6. . . . .

7. . . . .

8. . . . .

9. . . . .

2. Bilden Sie von diesen Verben wie im Beispiel die Zukunft!

보기: 가다 → 갈 거예요

1. 읽다 → . . . .
2. 마시다 → . . . .
3. 보다 → . . . .
4. 여행하다 → . . . .
5. 산책하다 → . . . .
6. 전화하다 → . . . .
7. 듣다 → . . . .
8. 살다 → . . . .
9. 만들다 → . . . .
10. 없다 → . . . .
11. 재미있다 → . . . .
12. 이다 → . . . .

3. Welche Variante passt?

Vokabelhilfe:
가져가다: mitnehmen
가져오다: mitbringen

1. 한국은 지금 여름이에요. 날씨가 ....

□ 추워요. □ 더워요. □ 맛있어요.

2. 베를린은 지금 겨울이에요. 날씨가 ....

□ 추워요. □ 힘들어요. □ 재미있어요.

3. 작년에 한국에 갔어요. 서울에서 고궁을 ....

□ 만들었어요. □ 재미있어요. □ 구경했어요.

4. 비가 와요. ....을 가져가세요.

□ 시계 □ 우산 □ 선물

5. 한국은 지금 가을이에요. 바람이 ....

□따뜻해요. □ 더워요. □ 시원해요.

6. 미라 씨는 서울에서 시내를 구경했어요. 사진을 ....

□ 만들었어요. □ 했어요. □ 찍었어요.

7. 여기 날씨는 추워요. 따뜻한 옷을 ....

□ 가져오세요. □ 하세요. □ 초대하세요.

8. 오늘은 .... 그래서 동생하고 같이 눈사람을 만들었어요.

□비가 왔어요. □ 시원했어요. □ 눈이 왔어요.

9. 가을에는 바람이 많이 ....

□ 있어요. □ 불어요. □따뜻해요.

10. 오전에는 날씨가 좋았어요. 지금은 날씨가 안 좋아요. 날씨가 ....

□ 시원해요. □ 따뜻해요. □ 흐려요.

4. Füllen Sie die Tabelle aus!

Grundform	Vergangenheit	Gegenwart	Zukunft
가다	*갔어요*	*가요*	*갈 거예요*
덥다			
춥다			
쉽다			
어렵다			
가볍다			
무겁다			

5. Antworten Sie mithilfe der Wörter im Kasten sowie anhand der Bilder!

바람이불다 비가오다 좋다 덥다 시원하다 맑다 따뜻하다 춥다 나쁘다 흐리다 눈이 오다

1. 
가: 내일 날씨가 더울까요?
나: ....

2. 가: 내일 날씨가 따뜻할까요?
나: ....

3. 가: 내일 날씨가 맑을까요?
나: ....

4. 가: 내일 바람이 많이 불까요?
나: ....

5. 가: : 오늘 날씨가 어때요?
나: ....

6. 가: : 지금 한국 날씨가 어때요?
나: ....

7. 가: 요즘 날씨가 어때요?
나: ....

8. 가: 오늘 눈이 올까요?
나: ....

9. 가: 요즘 날씨가 좋아요?
나: ....

10. 가: 오늘 날씨가 많이 더울까요?
나: ....

11. 가: 내일 날씨가 흐릴까요?
나: ....

6. Suchen Sie die passenden Antworten im Kasten.

1. 내일 뭐 할 거예요?

....

2. 오늘 날씨가 어때요?

....

3. 내일 모임에 누가 올까요?

....

4. 이번 방학에 한국에 갈 거예요?

....

5. 내일 비가 올까요?

....

6. 이번 겨울에 어디로 여행을 갈 거예요?

....

7. 페터 씨, 오늘 파티에 올 거예요?

....

8. 이번 휴가 때 무엇을 할 거예요?

....

9. 한국에 얼마동안 있을 거예요?

....

가. 네, 한국에 갈 거예요. 정말 기대돼요.
나. 네, 아마 비가 올 거예요. 일기예보에서 들었어요.
다. 한 달 동안 있을 거예요.
라. 아마 경국 씨하고 태형 씨가 올 거예요.
마. 내일은 집에서 책을 읽을 거예요.
바. 카리브 해에서 매일 수영을 할 거예요.
사. 오늘은 눈이 와요.
아. 네, 갈 거예요.
자. 브라질에 갈 거예요.

Vokabelhilfe:

모임: Treffen
기대되다: sich auf etwas freuen
얼마동안: wie lange
아마: vielleicht
일기예보: Wettervorhersage
한 달 동안: einen Monat lang
카리브해: Karibik

7. Lesen Sie den Text und antworten Sie auf die Fragen!

토마스와 유나는 내일 전주에 갈 거예요. 고속버스를 타고 갈 거예요. 두 사람은 전주에서 김 사장님을 만날 거예요. 그리고 전주를 구경할 거예요. 전주는 비빔밥이 유명해요. 그리고 한지도 유명해요. 한지는 한국의 전통적인 종이예요. 두 사람은 전주에서 비빔밥을 먹을 거예요. 그리고 한지 박물관에도 갈 거예요. 재미있을 거예요.

Vokabelhilfe:
유명하다: bekannt sein
전통적인: traditionell
종이: Papier

1. 토마스와 유나는 어디에 갈 거예요?

. . . .

2. 전주에서 무엇을 할 거예요?

. . . .

3. 전주에 무엇을 타고 갈 거예요?

. . . .

4. 전주는 뭐가 유명해요?

. . . .

5. 한지가 뭐예요?

. . . .

8. Lesen Sie den Text und antworten Sie auf die Fragen!

Vokabelhilfe:
보통: normalerweise
하지만: aber
따뜻한: warm
날: Tag
변하다: sich verändern
되다: werden
앞으로: in der Zukunft
더: noch (betont in Verbindung mit einem Komparativ o.Ä. den höheren Grad o.Ä.)

한국은 보통 봄에 따뜻합니다. 그런데 요즘에는 봄에도 덥습니다. 한국은 보통 겨울에 날씨가 춥습니다. 하지만 요즘에는 겨울에도 따뜻한 날이 많습니다. 한국 날씨가 변했습니다.
베를린도 보통 겨울에 춥습니다. 하지만 요즘에는 별로 안 춥습니다. 여름에는 보통 덥습니다. 그런데 요즘에는 더 덥습니다. 베를린 날씨가 변했습니다. 앞으로 날씨가 어떻게 될까요?

1. 한국은 보통 봄에 날씨가 어때요?

. . . .

2. 한국은 요즘 봄에 날씨가 어때요?

. . . .

3. 요즘 한국 겨울 날씨가 어떻게 변했어요?

. . . .

4. 베를린은 보통 겨울에 날씨가 어때요?

. . . .

5. 베를린 겨울 날씨는 어떻게 변했어요?

. . . .

9. Lesen Sie den Dialog und kreuzen Sie unten das Richtige an.

정미: 페터 씨, 이번 토요일에 뭐 해요?
페터: 친구들을 만날 거예요.
정미: 친구들하고 뭐 할 거예요?
페터: 같이 축구를 볼 거예요.
정미 씨는 토요일에 뭐 해요?
정미: 그냥 집에 있을 거예요.
약속이 없어요.
페터: 아, 네.
정미: 일요일에는 뭐 해요?
페터: 등산을 할 거예요.
정미: 아, 네. 어느 산에 갈 거예요?
페터: 북한산이요.
정미 씨는 일요일에 뭐 해요?
정미: 저는 특별한 계획이 없어요.
페터: 그럼, 일요일에 같이 산에 갈래요?
정미: 네, 좋아요!
페터: 그런데 일요일에 날씨가 괜찮을까요?
정미: 네, 제가 일기예보에서 들었어요. 날씨가 좋을 거예요.

Vokabelhilfe:
축구: Fußball
등산을 하다: einen Berg besteigen
특별한: speziell
계획: Plan

1. 두 사람은 같이 축구를 볼 거예요. □ 네 □ 아니요
2. 정미는 토요일에 약속이 있어요. □ 네 □ 아니요

3. 페터는 일요일에 친구를 만날 거예요. ☐ 네 ☐ 아니요
4. 정미는 일요일에 등산을 할 거예요. ☐ 네 ☐ 아니요
5. 일요일에 날씨가 안 좋을 거에요. ☐ 네 ☐ 아니요

10. Übersetzen Sie diese Sätze ins Koreanische!

1. Was wirst du am Wochenende machen?

....

2. Ich werde ins Museum gehen.

....

3. Thomas wird in Korea leben.

....

4. Es wird nachmittags regnen.

....

5. Morgen wird das Wetter kalt sein.

....

6. In Korea ist es im Frühling normalerweise schön warm.

....

7. In Korea gibt es Frühling, Sommer, Herbst und Winter.

....

8. Bringen Sie einen Regenschirm mit!

....

9. Wann wirst du abfahren?

....

10. Das Wetter wird morgen schlecht sein.

....

11. Was werden Sie am Wochenende machen? Schreiben Sie wie im Beispiel einen kurzen Text.

> **보기:**
>
> 저는 토요일 오전에 시장에서 장을 볼 거예요. 신선한 과일을 살 거예요. 꽃도 살 거예요. 오후에는 청소를 할 거예요. 그리고 빨래도 할 거예요. 저녁에 친구 집에 갈 거예요. 친구하고 함께 저녁을 먹을 거예요. 일요일에는 늦게 일어날 거예요. 팬케이크를 만들 거예요. 오후에 강아지하고 산책을 할 거예요. 베란다에서 책을 읽을 거예요. 일찍 잘 거예요.

Lektion 20

I. Was passt zusammen?

1. 먹다	●	● 돌아가시다
2. 마시다	●	● 성함
3. 있다	●	● 계시다
4. 말하다	●	● 연세
5. 아프다	●	● 드시다
6. 죽다	●	● 진지
7. 자다	●	● 생신
8. 생일	●	● 편찮으시다
9. 집	●	● 댁
10. 밥	●	● 말씀하시다
11. 이름	●	● 드시다
12. 나이	●	● 주무시다

2. Was passt *nicht*?

Vokabelhilfe:
부장님: Abteilungsleiter   자리: Platz

1. 어머니가 아침을 ....

   1) 먹어요   2) 드십니다   3) 드세요

2. 아버지가 아침에 ....

   1) 운동을 하세요   2) 운동을 해요   3) 운동을 하셨어요

3. 할머니가 ....

   1) 아파요   2) 편찮으십니다   3) 편찮으세요

4. 부장님은 지금 자리에 안 ....

   1) 계세요   2) 있어요   3) 계십니다

5. 우리 반 친구들이 오늘 같이 저녁을 ....

   1) 먹어요   2) 드세요   3) 먹습니다

6. 동생이 학교에서 ....

   1) 돌아옵니다   2) 돌아왔어요   3) 돌아오셨습니다

7. 김 사장님, 오늘 무엇을 ....?

   1) 하십니까   2) 하세요   3) 할 거예요

8. 친구가 방에서 ....

   1) 잡니다   2) 잤습니다   3) 주무십니다

3. Füllen Sie die Tabelle aus!

Infinitiv	Honorific in der Gegenwart	Honorific in der Vergangenheit	Honorific in der Zukunft
받다	*받으세요*	*받으셨어요*	*받으실 거예요*
가다			
좋아하다			
읽다			
보다			
오다			
공부하다			

듣다			
만들다			
살다			
있다			
이다			

4. Füllen Sie die Tabelle aus!

Infinitiv	Honorific in der Gegenwart	Honorific in der Vergangenheit	Honorific in der Zukunft
받다	*받으십니다*	*받으셨습니다*	*받으실 것입니다/받으실 겁니다*
가다			
좋아하다			
읽다			
보다			
오다			
공부하다			
듣다			
만들다			
살다			
있다			
이다			

5. Füllen Sie die Tabelle aus!

Neutrale Form	Honorific	Honorific in der Gegenwart	Honorific in der Vergangenheit	Honorific in der Zukunft
먹다	*드시다*	*드세요*	*드셨어요*	*드실 거예요*
마시다				
자다				
있다				
말하다				
아프다				
죽다				

6. Füllen Sie die Tabelle aus!

Neutrale Form	Honorific	Honorific in der Gegenwart	Honorific in der Vergangenheit	Honorific in der Zukunft
먹다	드시다	드십니다	드셨습니다	드실 것입니다/ 드실 겁니다
마시다				
자다				
있다				
말하다				
아프다				
죽다				

7. Antworten Sie auf die Fragen.

1. 가: 할머니가 뭐 하세요?
나: ....

2. 가: : 아버지가 뭐 하세요?
나: ....

3. 가: 할아버지가 뭐 하세요?
나: ....

4. 가: 어머니가 뭐 하세요?
나: ....

Vokabelhilfe:
건강하다:
gesund sein

5. 가: 아버지가 뭐 하세요?
나: ....

6. 가: 부모님이 뭐 하세요?
나: ....

7. 가: 부모님이 어디에 계세요?
나: ....

8. 가: 할머니가 뭐 하세요?
나: ....

9. 가: 사장님이 뭐 하세요?
나: ....

10. 가: 어머니가 뭐 하세요?
나: ....

11 가: 할머니는 건강하세요?
나: ....

8. Korrigieren Sie die Fehler beim Ausdrücken der Höflichkeit!

1. 어머니가 방에서 자요. ....
2. 아버지가 거실에서 신문을 읽어요. ....
3. 할아버지가 아파요. ....
4. 할머니가 죽었어요. ....
5. 오늘은 할머니 생일이에요. ....
6. 할아버지, 뭐 먹어요? ....

7. 아버지가 어제 술을 많이 마셨어요. ....

8. 선생님이 말할 거예요. ....

9. 사장님이 회사에 있어요. ....

10. 김 선생님이 집에 계세요. ....

11. 할머니는 오늘 시장에 가요. ....

12. 나는 오늘 아침을 안 드셨어요. ....

13. 동생이 어제 집에 늦게 오셨습니다. ....

14. 할아버지가 공원에서 산책해요. ....

15. 할머니는 내일 친구분을 만날 거예요. ....

16. 저는 오늘 많이 편찮으십니다. ....

17. 김 부장님은 지금 사무실에 없어요. ....

18. 우리 할아버지는 책이 아주 많이 계세요. ....

19. 할아버지, 몇 살이에요? ....

20. 할머니 이름이 뭐예요? ....

9. Das ist ein Gespräch zwischen Frau Kim (62 J.) und Lena (23 J.). Füllen Sie mithilfe der folgenden Wörter die Lücken aus; verwenden Sie, wo nötig, den Honorific.

있다	이다	만나다	사다	먹다	보다	가다	아프다

Vokabelhilfe:
얼굴이 안 좋다: es sieht so aus, als ob es jemandem nicht gut geht

1. 레나: 어디에 ....?
김 선생님: 시장에 가요.

2. 레나: 오늘 누구를 ....?
김 선생님: 딸을 만날 거예요.

3. 레나: 오늘 집에 ....?
김 선생님: 아니요, 오늘은 집에 없을 거예요. 약속이 있어요.

4. 김 선생님: 레나 씨, 어디 ....? 얼굴이 좀 안 좋아요.
레나: 네, 머리가 좀 아파요.

5. 김 선생님: 저녁 . . . .?
레나: 아니요, 아직 못 먹었어요. 오늘 너무 바빴어요.

6. 레나: 오늘 쇼핑하셨어요? 무엇을 사셨어요?
김 선생님: 신발하고 가방을 . . . .

7. 레나: 어제 무슨 영화를 보셨어요?
김 선생님: *블랙 미러*를 . . . .

8. 레나: 선생님 가족 사진이에요? 이분은 . . . .?
김 선생님: 제 남편이에요.

10. Im Folgenden lesen Sie eine Beschreibung des Alltags von Thomas' Großvater. Schreiben Sie die angegebenen Wörter in der passenden Form.

저희 할아버지는 아침에 항상 일찍 . . . . (일어나다). 그리고 산에 . . . . (가다). 산에서 . . . . (운동하다). 7 시에 아침을 . . . . (먹다). 오전에 화분에 물을 . . . . (주다). 점심에는 친구분들을 . . . . (만나다). 같이 . . . . (이야기를 하다). 오후에는 낮잠을 . . . . (자다). 오후 4시에 영어를 . . . . (공부하다). 저녁 6 시에는 저녁을 . . . . (먹다). 그 다음에 텔레비전을 . . . .(보다). 열 시에 . . . . (자다).

Vokabelhilfe:
낮잠: Mittagsschlaf 화분: Topfpflanze

11. Schreiben Sie den Text unter Verwendung des Honorific um.

저희 어머니는 선생님입니다. 아침 7시에 학교에 갑니다. 학교에서 수학을 가르칩니다. 저녁 6 시에 집에 옵니다. 아버지와 함께 저녁을 먹습니다. 아버지와 함께 이야기합니다. 그리고 내일 수업을 준비합니다. 책을 읽습니다. 아홉 시에 잡니다.

. . . .

. . . .

. . . .

. . . .

. . . .

. . . .

. . . .

. . . .

12. Lesen Sie den Text und antworten Sie auf die Fragen.

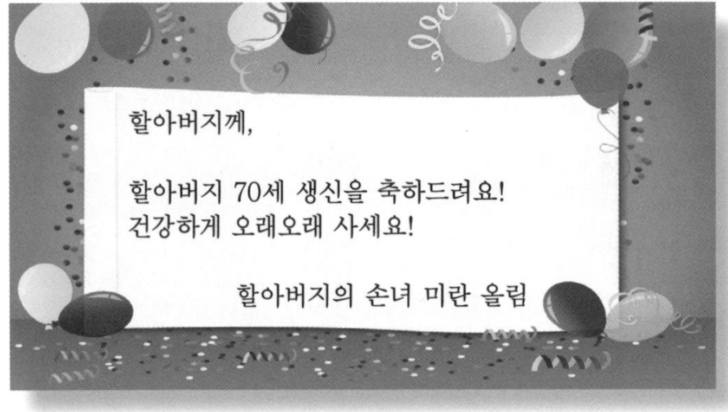

Vokabelhilfe:
축하드려요: (Honorific) Herzlichen Glückwunsch!
건강하게: gesund
오래오래: langelange
손녀: Enkeltochter
세: Zahleinheit für das Alter

1. 할아버지는 연세가 어떻게 되세요?

. . . .

2. 손녀는 왜 이 카드를 썼어요?

. . . .

13. Diese Person will ein Hotel reservieren. Vervollständigen Sie den Dialog!

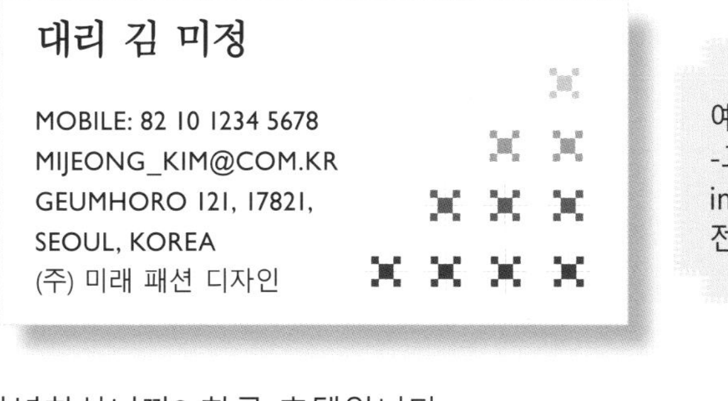

Vokabelhilfe:
예약하다: buchen
-고 싶다: mögen im Konj. II; wollen
전화 번호: Telefonnummer

가: 안녕하십니까? 한국 호텔입니다.

나: 12일에 방을 예약하고 싶습니다.

가: 네, 알겠습니다. 1. . . . .?

나: 김미정입니다.

가: 전화번호가 어떻게 되십니까?

나: 2. . . . .

14. Übersetzen Sie die Sätze ins Koreanische.

1. Mein Vater wohnt in Hamburg.

. . . .

2. Meine Mutter ist Polizistin.

. . . .

3. Mein Großvater ist in Rente gegangen.

. . . .

4. Meine Großmutter ist gestorben.

. . . .

5. Herr Kyeong-Su Kim ist gerade nicht da.

. . . .

6. Herr Geschäftsführer Kim, mögen Sie Grüntee?

. . . .

7. Lena, wie heißt dein Vater?

. . . .

8. Michael, wie alt ist deine Mutter?

. . . .

9. Mijeong, wo ist die Wohnung deiner Eltern? (wörtl.: Wo wohnen deine Eltern?)

. . . .

10. Meine Oma hat viel Zeit.

. . . .

15. Stellen Sie wie im Beispiel Ihre Eltern vor.

보기:

아버지는 라이프치히에서 작은 사업을 하세요. 항상 바쁘세요. 가끔 조깅을 하세요. 축구를 좋아하세요. 어머니는 회사원이세요. 어머니는 노래를 잘 부르세요. 어머니는 딸기 케이크를 잘 만드세요. 우리 부모님은 저를 많이 사랑하세요.

Lektion 21

I. Suchen Sie ein passendes Verb im Kasten und konjugieren Sie mit -아/어요. Sie können ggf. ein Wort für mehrere Lücken verwenden.

피우다	하다	추다	연주하다	운전하다	치다	만들다

1. 담배를 . . . .
2. 중국어를 . . . .
3. 숙제를 . . . .

4. 살사 댄스를 ....
5. 한국 음식을 ....
6. 축구를 ....
7. 테니스를 ....
8. 수영을 ....
9. 야구를 ....
10. 핸드볼을 ....
11. 피아노를 ....
12. 기타를 ....
13. 자동차를 ....

> **Vokabelhilfe:**
> 치다: schlagen; spielen (Instrument/Sportart)

2. Tragen Sie das passende Wort ein!

축구	핸드볼	테니스	야구	수영

1. ....
2. ....
3. ....
4. ....
5. ....

3. Formulieren Sie die Verben wie im Beispiel um.

보기: 가다 → 갈 수 있다

1. 먹다 → ....
2. 보다 → ....
3. 읽다 → ....
4. 가르치다 → ....
5. 운전하다 → ....
6. 이다 → ....
7. 재미있다 → ....
8. 재미없다 → ....
9. 듣다 → ....
10. 놀다 → ....
11. 만들다 → ....
12. 돕다 → ....

4. Ergänzen Sie die Tabelle.

	Vergangenheit	**Gegenwart**	**Zukunft**
사다	*살 수 있었어요*	*살 수 있어요*	*살 수 있을 거예요*
받다			
배우다			
사진을 찍다			
운전하다			
걷다			
돈을 벌다			
돕다			

Vokabelhilfe:

걷다: laufen 돈을 벌다: Geld verdienen 돕다: helfen

5. Ergänzen Sie die Tabelle.

	Vergangenheit	Gegenwart	Zukunft
자다	*잘 수 있었습니다*	*잘 수 있습니다*	*잘 수 있을 것입니다/잘 수 있을 겁니다*
읽다			
가르치다			
산책하다			
듣다			
만들다			
돕다			

6. Ergänzen Sie die Tabelle.

가다	*못 가다*	자다	
쉬다		오다	
공부하다		빌리다	
읽다		청소하다	
일하다		사진을 찍다	
하다		운전하다	

7. Schreiben Sie die Sätze unter Verwendung von 못 um.

1. 수영을 해요. → ....
2. 피아노를 쳐요. → ....
3. 학교에 가요. → ....
4. 한국어를 해요. → ....
5. 매운 음식을 먹어요. → ....
6. 한국 음식을 만들어요. → ....
7. 오늘 공원에서 운동해요. → ....
8. 이번 주말에 청소해요. → ....
9. 토마스가 운전해요. → ....
10. 어제 산책했어요. → ....

8. Was passt zusammen?

1.	어제 미정 씨 생일 파티에 갔어요?
2.	핸드폰 좀 잠깐 빌려줄 수 있어요?
3.	운전할 수 있어요?
4.	프랑스어 할 수 있어요?
5.	우리 오늘 노래방에 갈래요?
6.	요리 잘해요?
7.	내일 김 선생님 댁에 갈 수 있어요?

Vokabelhilfe:
잠깐: kurz
빌려주다: ausleihen
그래도: trotzdem
운전면허증: Führerschein

가. 조금요, 프랑스에서 2년 동안 살았어요.
나. 미안해요. 저도 오늘 핸드폰을 안 가져왔어요.
다. 아니요, 못 가요. 내일 다른 약속이 있어요.
라. 아니요, 잘 못해요. 그래서 자주 식당에서 밥을 먹어요.
마. 아니요, 운전 못 해요. 운전면허증이 없어요.
바. 아니요, 못 갔어요. 파티가 재미있었어요?
사. 저는 노래를 잘 못해요. 그래도 괜찮아요?

9. Stellen Sie unter Verwendung der Worte im Kasten eine Frage, und ergänzen Sie die Antwort.

혼자 숙제를 하다	여기서 담배를 피우다	매운 음식을 먹다
기타를 치다	이야기 좀 하다	운전을 하다
피아노를 치다	한국 음식을 만들다	살사 댄스를 추다

1.
가: ....
나: 네, ...

2.
가: ....
나: 네, ...

3.

가: ....
나: 아니요, ...

4.

가: ....
나: 아니요, ...

5.

가: ....
나: 네, ...

6.

가: ....
나: 네, ...

7.

가: ....
나: 네, ...

8.

가: ....
나: 아니요, ...

9.

가: ....
나: 아니요, ...

10. Lesen Sie den Text und antworten Sie auf die Fragen.

안녕하세요? 제 이름은 김경수예요. 저는 24살이에요. 서울에서 살아요. 작년에 대학교를 졸업했어요. 저는 미국에서 3년 동안 살았어요. 그래서 영어를 잘해요. 중국어도 1년 배웠어요. 하지만 중국어는 잘 못해요. 저는 케이크를 잘 만들 수 있어요. 특히 사과 케이크를 잘 만들어요. 하지만 한국 음식은 잘 못해요. 그래서 자주 식당에서 혼자 밥을 먹어요. 혹시 저하고 같이 밥 먹으실 분 있으세요?

Vokabelhilfe:

졸업하다: abschließen (Schule, Studium) 특히: vor allem 혼자: allein
분: Person 살: Zahleinheit für das Alter 3년 동안: drei Jahre lang
혹시: vielleicht

1. 이 사람은 무엇을 잘해요?

....

2. 이 사람은 무엇을 못해요?

....

3. 이 사람은 이 글을 왜 썼어요?

....

11. Lesen Sie den Text und antworten Sie auf die Fragen.

*한*독 무역회사 인사과 담당자님께,

안녕하십니까? 저는 이정미라고 합니다. 저는 대학교에서 경제학을 공부했습니다. 저는 영어와 일본어를 할 수 있습니다. 특히 영어로 글을 잘 쓸 수 있습니다. 또 저는 컴퓨터로 보고서를 잘 쓸 수 있습니다. 표도 잘 만들 수 있습니다. 그리고 운전도 할 수 있습니다. 트럭도 운전할 수 있습니다. 취미는 피아노 연주입니다. 저는 *한*독 무역 회사에서 일하고 싶습니다.

이정미 드림

Vokabelhilfe:

무역: Handel　인사과: Personalabteilung　담당자: zuständige Person
-라고 하다: heißen　-께: Dativ-Marker (Honorific)　경제학: Wirtschaftslehre
글: Text　쓰다: schreiben　보고서: Bericht　표: Tabelle

1. 이 사람은 무엇을 할 수 있어요?

. . . .

. . . .

. . . .

2. 이 사람은 이 글을 왜 썼어요?

. . . .

12. Übersetzen Sie die Sätze ins Koreanische!

1. Ich kann schwimmen.

. . . .

2. Peter, kannst du Auto fahren?

. . . .

3. Ich kann kein Chinesisch. Ich habe Chinesisch nicht gelernt.

. . . .

4. Mijeong kann koreanische Zeitungen lesen.

. . . .

5. Michael konnte heute nicht zum Unterricht gehen. Er war krank.

. . . .

6. Thomas kann kein scharfes Essen essen.

. . . .

7. Ich kann jetzt kein Auto fahren. Ich habe Bier getrunken.

. . . .

8. Peter, kannst du morgen etwas früher kommen?

. . . .

9. Ich werde die Prüfung nicht bestehen können.

. . . .

10. Laura konnte gut Englisch sprechen.

. . . .

13. Was können Sie machen und was nicht? Schreiben Sie wie im Beispiel einen kurzen Text.

보기:

저는 영어를 할 수 있어요. 프랑스어도 할 수 있어요. 한국어도 조금 할 수 있어요. 하지만 스페인어는 못해요. 저는 컴퓨터 게임을 잘 할 수 있어요. 하지만 카드 게임은 잘 못해요. 저는 이야기를 잘 할 수 있어요. 하지만 글은 잘 못 써요. 저는 노래를 잘 부를 수 있어요. 하지만 춤은 잘 못 춰요. 저는 자전거를 잘 탈 수 있어요. 하지만 운전은 못해요.

Lektion 22

1. Was passt?

1. 한국에는 산과 바다가 아름다워요. . . . . 이 아름다워요.
   1) 얼굴 2) 자연 3) 문화

2. 한국에서 도시와 자연을 구경해요. 저는 한국에서 . . . .
   1) 밥을 먹어요 2) 쇼핑해요 3) 관광해요

3. 저는 한국에서 한국어 수업을 들어요. 한국어를 배우러 . . . . 에 다녀요.
   1) 어학원 2) 헬스클럽 3) 음악 학원

4. ....에서 우표를 사요.
   1) 서점 2) 약국 3) 우체국

5. ....에서 책을 빌려요.
   1) 우체국 2) 대사관 3) 도서관

6. ....에서 옛날 물건을 구경해요.
   1) 도서관 2) 박물관 3) 미술관

7. 저는 한국 문화를 좋아해요. 한국의 자연, 사람, 예술이 ....
   1) 머물러요 2) 보여줘요 3) 여행할 거예요

8. 저는 7월 1일부터 7월 6일까지 한국에 있어요. 한국에 일주일 동안 ....
   1) 머무를 거예요 2) 살 거예요 3) 잘 거예요

9. 유나 씨가 저에게 가족 사진을 ....
   1) 보여줬어요 2) 찍었어요 3) 만들었어요

10. 올해 대학교를 졸업해요. 졸업 후에 일을 ....
   1) 볼 거예요. 2) 찾을 거예요. 3) 들을 거예요.

11. 어제 지하철에서 지갑을 잃어버렸어요. 하지만 일주일 후에 지갑을 다시 ....
   1) 봤어요 2) 만났어요 3) 찾았어요

12. 제 고향은 서울이에요. 저는 지금 베를린에서 공부해요. 내년에는 다시 한국에 ....
   1) 돌아갈 거예요 2) 관광할 거예요 3) 여행할 거예요

Vokabelhilfe:
우표: Briefmarke
옛날 물건: alte Gegenstände
문화: Kultur
예술: Kunst
올해: dieses Jahr
졸업: Abschluss
후에: nach
잃어버리다: verlieren
내년: nächstes Jahr

2. Ergänzen Sie die Tabelle.

Koreanisch	-(으)러 가다
먹다	
마시다	
읽다	

배우다	
보내다	
공부하다	
관광하다	
듣다	
걷다	
살다	
만들다	

3. Suchen Sie im Kasten die passende Antwort.

가. 친구를 만나러 가요.	마. 피아노를 배우러 가요.
나. 밥을 먹으러 가요.	바. 영어를 배우러 가요.
다. 책을 빌리러 가요.	사. 소포를 보내러 가요.
라. 수영을 하러 가요.	아. 관광을 하러 가요.

1. 도서관에 왜 가요? ....
2. 우체국에 왜 가요? ....
3. 수영장에 왜 가요? ....
4. 식당에 왜 가요? ....
5. 커피숍에 왜 가요? ....
6. 음악 학원에 왜 가요? ....
7. 어학원에 왜 가요? ....
8. 한국에 왜 가요? ....

4. Suchen Sie sich im Kasten einen Ort aus und bilden Sie damit Sätze.

~~식당~~ 백화점 도서관 편의점 영화관
슈퍼마켓 헬스클럽 태국 친구 집

1. 밥을 먹다 → *밥을 먹으러 식당에 가요.*
2. 공부하다 → ....
3. 컵라면을 사다 → ....

4. 장을 보다 → ....
5. 운동하다 → ....
6. 관광하다 → ....
7. 영화를 보다 → ....
8. 친구하고 같이 케이크를 만들다 → ....
9. 옷을 사다 → ....

5. Bilden Sie mit den vorgegebenen Wörtern wie im Beispiel eine Antwort.

> **보기:** 가: 식당에 왜 가요?
> 나: (밥을 먹다) 밥을 먹으러 가요

Vokabelhilfe:

경제학: Wirtschaftslehre   취직하다: einen Job suchen/finden

1. 가: 친구가 한국에 왜 왔어요?
   나: (저를 만나다) ....
2. 가: 경수 씨는 독일에 왜 왔어요?
   나: (경제학을 공부하다) ....
3. 가: 우체국에 왜 갔어요?
   나: (친구에게 편지를 보내다) ....
4. 가: 미정 씨는 왜 한국에 돌아갔어요?
   나: (취직하다) ....
5. 가: 한국어 수업에 왜 다녀요?
   나: (한국어를 배우다) ....
6. 가: 어제 파티에 왜 갔어요?
   나: (친구를 사귀다) ....

6. Antworten Sie wie im Beispiel unter Verwendung von -러/으러.

보기: 가: 빵이 없어요. 무엇을 할 거예요? 나: 빵을 사러 빵집에 갈 거예요.

1. 가: 파티에 갈 거예요. 그런데 옷이 없어요. 무엇을 할 거예요?
   나: ....
2. 가: 집에 우유가 없어요. 무엇을 할 거예요?
   나: ....
3. 가: 집에 커피가 없어요. 무엇을 할 거예요?
   나: ....
4. 가: 일요일에 시간이 있어요. 무엇을 할 거예요?
   나: ....
5. 가: 친구가 없어요. 무엇을 할 거예요?
   나: ....
6. 가: 배가 고파요. 무엇을 할 거예요?
   나: ....
7. 가: 한국어 시험이 있어요. 무엇을 할 거예요?
   나: ....

7. Lesen Sie den Text und antworten Sie auf die Fragen.

저는 지금 서울에 삽니다. 대학교에 다닙니다. 저는 컴퓨터 공학을 공부하러 한국에 왔습니다. 내년에 학교를 졸업할 것입니다. 제 여자 친구는 뮌헨에 삽니다. 여자 친구하고 저는5년 동안 사귀었습니다. 내년에 여자 친구하고 결혼하러 독일에 돌아갈 것입니다. 그 다음에 여자 친구하고 다시 한국에 올 것입니다. 한국에서 일을 찾을 것입니다. 지금 여자 친구는 한국어를 배우러 뮌헨에서 한국어 학원에 다니고 있습니다.

1. 이 사람은 한국에서 뭐 해요?

. . . .

Vokabelhilfe:
컴퓨터 공학: Informatik
사귀다: zusammen sein

2. 이 사람은 한국에 왜 갔어요?

. . . .

3. 이 사람은 내년에 왜 독일에 돌아가요?

. . . .

4. 이 사람의 여자 친구는 왜 한국어 학원에 다녀요?

. . . .

5. 두 사람은 내년에 무엇을 할 거예요?

. . . .

8. Lesen Sie den Text und antworten Sie auf die Fragen.

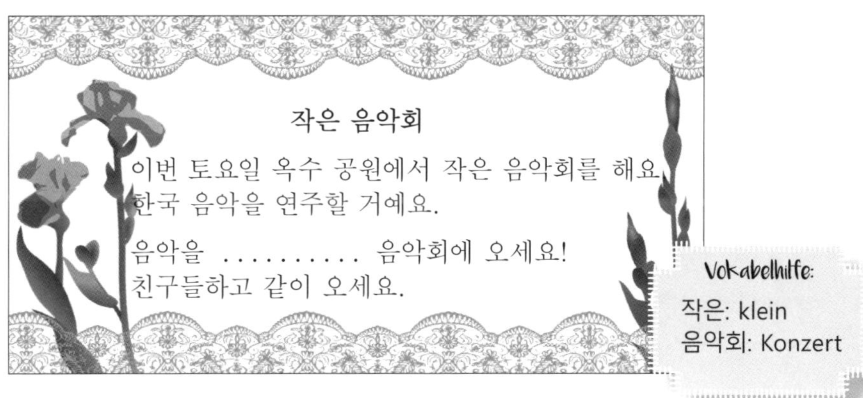
작은 음악회

이번 토요일 옥수 공원에서 작은 음악회를 해요.
한국 음악을 연주할 거예요.

음악을 .... 음악회에 오세요!
친구들하고 같이 오세요.

Vokabelhilfe:
작은: klein
음악회: Konzert

1. 이번 주 토요일 옥수 공원에서 무엇을 해요?

. . . .

2. 왜 이 글을 썼어요?

. . . .

3. Ergänzen Sie mit der richtigen Form von 듣다 die Lücke in der Einladung!

. . . .

9. Übersetzen Sie die Sätze ins Koreanische.

1. Ich gehe zum Essen in ein Restaurant.

....

2. Thomas besucht eine Sprachschule, um Koreanisch zu lernen.

....

3. Mijeong geht in ein Café, um einen Freund zu treffen.

....

4. Eine Freundin ist aus Korea gekommen, um mich zu treffen.

....

5. Warum bist du nach Korea gekommen?

....

6. Dani ist nach Thailand gekommen, um Sightseeing zu machen.

....

7. Bis wann bleibst du in Korea?

....

8. Ich werde später nach Korea wiederkommen, um einen Job zu suchen. .

....

9. Ich werde in ein Kaufhaus gehen, um Kleidung zu kaufen.

....

10. Ich gehe zur Post, um ein Paket nach Korea zu senden.

....

Lektion 23

I. Suchen Sie eine Variante aus, die die unterstrichene Stelle im Satz ersetzen kann.

> **Vokabelhilfe:**
> 불편하다: unbequem sein
> 흥미롭다: interessant sein
> 교통: Verkehrsverbindung
> 소리: Geräusch
> 입다: anziehen
> 처음: zum ersten Mal
> 시끄럽다: laut sein

1. 이 가방은 무겁지 않아요.
   1) 편해요 2) 가벼워요 3) 귀여워요
2. 자동차가 편하지 않아요.
   1) 편리해요 2) 가벼워요 3) 불편해요
3. 값이 안 비싸요.
   1) 싸요 2) 커요 3) 작아요
4. 영화가 재미없어요.
   1) 흥미로워요 2) 지루해요 3) 좋아요
5. 교통이 편리해요.
   1) 나빠요 2) 비싸요 3) 좋아요
6. 옷이 예뻐요.
   1) 비싸요 2) 작아요 3) 아름다워요
7. 조용해요.
   1) 시끄럽지 않아요 2) 시끄러워요 3) 소리가 좋아요
8. 새 자동차가 멋있어요.
   1) 귀여워요 2) 예뻐요 3) 디자인이 좋아요
9. 침대가 편안해요.
   1) 침대에서 잠을 잘 못 자요. 2) 침대가 비싸요 3) 침대에서 잠을 잘 자요
10. 새 옷을 입었어요.
    1) 오늘 이 옷을 처음 입어요 2) 어제 이 옷을 입었어요 3) 좋은 옷을 입었어요
11. 요즘 힘들어요.
    1) 재미있어요. 2) 지루해요 3) 스트레스가 많아요.

12. 이야기가 <u>흥미로워요</u>.

1) 재미없어요 2) 재미있어요 3) 슬퍼요

2. Verbinden Sie die zwei Verben mit -지만.

보기: 좋다, 비싸다 → 좋지만 비싸요.

1. 작다, 좋다 → ....
2. 예쁘다, 작다 → ....
3. 가볍다, 비싸다 → ....
4. 무겁다, 멋있다 → ....
5. 편안하다, 작다 → ....
6. 재미있다, 어렵다 → ....
7. 조용하다, 재미없다 → ....
8. 춥다, 맑다 → ....

3. Verbinden Sie die beiden Sätze wie im Beispiel mit -지만.

보기: 값이 비싸요. 하지만 디자인이 멋있어요.
→ 값이 비싸지만 디자인이 멋있어요.

Vokabelhilfe:
집세: Miete
공기: Luft
친절하다: freundlich sein
하늘: Himmel

1. 방이 작아요. 하지만 집세가 싸요.

....

2. 저는 술을 마셔요. 하지만 미정 씨는 술을 안 마셔요.

....

3. 어제는 숙제를 못 했어요. 하지만 오늘은 했어요.

....

4. 핸드폰이 가벼워요. 하지만 값이 비싸요.

....

5. 교통이 편리해요. 하지만 공기가 안 좋아요.

....

6. 저는 초콜릿 아이스크림을 좋아해요. 하지만 망고 아이스크림은 안 좋아해요.

....

7. 비는 안 와요. 하지만 하늘이 흐려요.

....

8. 그 여자는 귀여워요. 하지만 지루해요.

....

9. 저는 독일사람이에요. 제 어머니는 한국 사람이에요.

....

10. 그 남자는 재미없어요. 하지만 친절해요.

....

4. Verbinden Sie die zwei zusammenpassenden Sätze mit -지만 zu einem Satz.

1. 오늘은 날씨가 추워요. 2. 이 핸드폰은 비싸요. 3. 미라 씨 새 옷이 예뻐요. 4. 어제는 비가 왔어요. 5. 미하엘 씨는 고기를 먹어요. 6. 오늘은 토요일이에요. 7. 김치는 매워요.	하지만	맛있어요. 레나 씨는 고기를 안 먹어요. 페터 씨는 오늘도 운동해요. 편리해요. 저는 회사에서 일을 해요. 오늘은 비가 안 와요. 비싸요.

1. ....
2. ....
3. ....
4. ....
5. ....
6. ....
7. ....

5. Verbinden Sie die zwei Verben mit -고.

보기: 좋다, 크다 → 좋고 커요

1. 가볍다, 편리하다 → ....
2. 귀엽다, 예쁘다 → ....
3. 지루하다, 재미없다 → ....
4. 흐리다, 비가 오다 → ....
5. 멋있다, 편안하다 →..
6. 재미있다, 친절하다 → ....
7. 조용하다, 싸다 → ....
8. 어렵다, 힘들다 → ....

6. Verbinden Sie die beiden Sätze wie im Beispiel mit -고.

보기: 예뻐요. 그리고 값이 싸요.
→ 예쁘고 값이 싸요.

1. 날씨가 좋아요. 그리고 따뜻해요.

....

2. 디자인이 예뻐요. 그리고 값도 싸요.

....

3. 새 집이 커요. 그리고 조용해요.

....

4. 저녁에 텔레비전을 봐요. 그리고 엄마하고 전화도 해요.

....

5. 시내를 구경해요. 그리고 박물관에도 가요.

....

6. 방학에 아르바이트를 했어요. 그리고 여행도 했어요.

....

7. 어제 집에서 요리를 했어요. 그리고 청소도 했어요.

....

8. 제 이름은 미하엘이에요. 그리고 나이는 43 살이에요.

....

9. 저는 독일 사람이에요. 그리고 뒤셀도르프에서 살아요.

....

10. 친구하고 같이 한국 음악을 들어요. 그리고 비빔밥도 만들어요.

....

7. Verbinden Sie die zwei zusammenpassenden Sätze mit -고 zu einem Satz.

1. 새 핸드폰이 편리해요.
2. 우리 언니는 회사원이에요.
3. 사과 주스가 시원해요.
4. 어제 바람이 많이 불었어요.
5. 방에 침대가 하나 있어요.
6. 저는 독일에서 살아요.
7. 같이 밥을 먹었어요.

그리고

- 의자가 두 개 있어요.
- 커피도 마셨어요.
- 직업은 수학 선생님이에요.
- 우리 남동생은 기술자예요.
- 비도 왔어요.
- 가격도 싸요.
- 맛있어요

1. ....
2. ....
3. ....
4. ....
5. ....
6. ....
7. ....

8. Lesen Sie den Dialog und antworten Sie auf die Fragen!

윤아:	보리스 씨, 뭐 해요?
보리스:	핸드폰 카탈로그를 보고 있어요.
윤아:	왜요?
보리스:	새 핸드폰이 필요해서요.
윤아:	같이 찾아볼까요?
보리스:	네, 좋아요.
윤아:	이 모델 어때요?
보리스:	가격은 싸지만 너무 무거워요.
윤아:	그렇네요.
보리스:	윤아 씨, 이것 좀 보세요. 이거 어때요? 가격도 괜찮고 색깔도 예뻐요.
윤아:	흠... 색깔은 예쁘지만 카메라가 별로 안 좋아요. 이건 어때요? 64G이고 가격도 싸요.
보리스:	글쎄요, 가격은 싸지만 디자인이 마음에 안 들어요. 아, 이거 보세요! 이 핸드폰은 접을 수 있어요! 와, 굉장해요!
윤아:	보리스 씨, 가격을 좀 보세요. 이건 너무 비싸요!
보리스:	하지만 가볍고 편리해요!
윤아:	보리스 씨는 학생 아니에요? 돈이 많아요?
보리스:	아니요, 돈은 없지만 이 핸드폰을 사고 싶어요.
윤아:	아이고...

Vokabelhilfe:

-고 있다: gerade dabei sein etwas zu machen
카탈로그: Prospekt
-서요: weil
찾아보다: suchen
그렇네요: Das stimmt.
이건: Abkürzung von 이것은
접다: falten
굉장하다: großartig sein

1. 윤아 씨와 보리스 씨는 지금 뭐 해요?

. . . .

2. 윤아 씨는 어떤 핸드폰을 추천했어요? 그 핸드폰은 어때요?

. . . .

3. 보리스 씨는 어떤 핸드폰을 사고 싶어요? 그 핸드폰은 어때요?

. . . .

4. Was ist der Vor- und der Nachteil des Handys, das Boris kaufen will? Antworten Sie auf Koreanisch in einem Satz.

. . . .

9. Übersetzen Sie die Sätze ins Koreanische.

1. Das Handy ist bequem, aber teuer.

. . . .

2. Die Kleidung ist hübsch und süß.

. . . .

3. Kimchi ist scharf, aber lecker.

. . . .

4. Das Zimmer ist ruhig und groß.

. . . .

5. Die Geschichte ist traurig, aber schön.

. . . .

6. Ich habe gestern in der Bibliothek gelernt und einen Freund getroffen.

. . . .

7. Der neue Laptop ist leicht und bequem.

. . . .

8. Ich war krank, aber bin zur Schule gegangen.

. . . .

9. Es hat gestern geregnet, aber heute ist der Himmel klar.

. . . .

10. Mein Name ist Thomas, und ich wohne in Berlin.

. . . .

■ Lektion 24

1. Suchen Sie das passende Wort und verändern Sie seine Form gemäß dem Kontext.

잘하다	샤워하다	이사하다	취직하다	결혼하다
어학 연수를 하다	갔다 오다	졸업하다	사귀다	여행을 많이 하다	되다

1. 요즘에 외로워요. 친구를 .... 싶어요.
2. 작년에 학교를 .... 그리고 올해 회사에 취직했어요.
3. 미정 씨는 아이들을 좋아해요. 그래서 선생님이 .... 싶어요.
4. 지금 집은 조금 작아요. 그래서 새 집으로 .... 싶어요.
5. 저는 작년에 한국에 .... 한국에서 일주일 여행했어요.
6. 저는 한국어를 잘 하고 싶어요. 그래서 내년에는 한국에서 .... 싶어요.
7. 학교를 졸업하면 회사에 .... 거예요.
8. 내년에 지금 남자 친구하고 .... 싶어요.
9. 한국어를 .... 싶어요. 그래서 한국에서 대학교에 다니고 싶어요.
10. 저는 여행을 좋아해요. 그래서 .... 싶어요.
11. 운동을 많이 했어요. 지금 .... 싶어요.

2. Bitte beantworten Sie die Frage wie im Beispiel mit den gegebenen Ausdrücken!

보기: 가: 무엇을 하고 싶어요?
나: (집에 가다) 집에 가고 싶어요.

1. 가: 무엇을 하고 싶어요?
나: (텔레비전을 보다) ....
2. 가: 뭐 먹고 싶어요?
나: (비빔밥을 먹다) ....

3. 가: 어디에 가고 싶어요?
   나: (바다에 가다) ....

4. 가: 언제 만나고 싶어요?
   나: (금요일에 만나다) ....

5. 가: 무엇을 만들고 싶어요?
   나: (김밥을 만들다) ....

6. 가: 무엇을 사고 싶어요?
   나: (새 자동차를 사다) ....

7. 가: 어느 회사에 취직하고 싶어요?
   나: (구글에 취직하다) ....

3. Was passt zusammen?

1. 졸업 후에 무엇을 하고 싶어요?	가. 독일 음식 어때요?
2. 어디로 여행을 가고 싶어요?	나. 무역 회사에 취직하고 싶어요.
3. 오늘 저녁에 무엇을 먹고 싶어요?	다. 집에서 쉬고 싶어요.
4. 무슨 회사에서 일하고 싶어요?	라. 디자이너가 되고 싶어요.
5. 집에서 뭐 하고 싶어요?	마. 남편이 한국 사람이에요.
6. 왜 한국어 공부를 해요?	바. 대학원에 가고 싶어요.
7. 나중에 무엇이 되고 싶어요?	사. 관광을 하고 싶어요.
8. 한국에서 무엇을 하고 싶어요?	아. 브라질에 가고 싶어요.

4. Was möchten Sie in diesen Situationen?

1. 너무 더워요. ....
2. 배가 고파요. ....
3. 집이 너무 작아요. ....
4. 남자 친구를 사랑하지 않아요. ....
5. 돈이 필요해요. ....
6. 여자 친구를 사랑해요. ....
7. 대학교를 졸업했어요. 공부를 더 할 거예요. ....

5. Was passt *nicht*?

1. . . . . 전에 학교를 졸업했어요.

   1) 두 달 2) 삼 개월 3) 사 달

2. . . . . 후에 결혼할 거예요.
   1) 삼 년 2) 내년 3) 세 달

3. . . . . 전에 회사에 취직했어요.
   1) 다섯 년 2) 육 년 3) 이 개월

4. . . . . 후에 친구와 베이징에 갈 거예요.
   1) 삼 일 2) 일 개월 3) 두 년

5. 우리는 . . . . 처음 만났어요.
   1) 올해 2) 작년에 3) 내년에

6. . . . . .에 이사 갈 거예요.
   1) 내일 2) 다음 주 3) 다음 달

7. . . . . .에 한국에 갔다 왔어요.
   1) 지난 주 2) 어제 3) 금요일

8. 이번에는 시험에 합격을 못 했어요. 하지만 . . . . 에는 꼭 합격할 거예요.
   1) 내년 2) 다음 번 3) 작년

9. . . . . 금요일에 만날까요?
   1) 이번 주 2) 지난주 3) 다음 주

6. Ergänzen Sie die Tabelle.

	letzte/n/s...	**diese/n/s...**	**nächste/n/s...**
Tag	어제	오늘	1. . . . .
Woche	2.	이번 주	3. . . . .
Monat	지난달	4.	다음 달
Jahr	5.	6.	내년
Mal	지난번	7.	8. . . . .

7. Ordnen Sie die Wörter zu einem Satz

1. 저는, 결혼했어요, 전에, 삼 년

....

2. 작년, 학교를, 졸업했어요. 에

....

3. 세, 후에, 이사할 거예요, 달

....

4. 십, 전에, 아르헨티나, 에서, 년, 왔습니다

....

5. 후에, 무엇을, 년, 하고 싶어요?, 오

....

6. 개월, 시작했습니다, 공부, 이, 한국어, 전에, 를

....

7. 피아노, 내년, 를, 에, 겁니다, 배울

....

8. Lesen Sie den Text und beantworten Sie die Fragen.

처음에 한국어는 저에게 그냥 취미였습니다. 저는 한국 노래가 좋았습니다. 그래서 한국어를 배웠습니다. 지금은 대학교에서 한국학을 공부합니다. 한국어 시험(TOPIK) 2급도 받았습니다. 저는 한국어를 더 잘하고 싶습니다. 그래서 지금 한국어 수업에 열심히 다닙니다. 내년에는 한국에서 어학 연수를 하고 싶습니다. 3년 후에는 대학원에 가고 싶습니다. 대학원에서도 한국학을 공부하고 싶습니다. 언젠가 대학교에서 학생들을 가르치고 싶습니다.

Vokabelhilfe:

저에게: für mich 한국학: Koreastudien 급: Stufe 받다: bekommen
열심히: fleißig 언젠가: irgendwann

1. 이 사람은 지금 회사원이에요?

. . . .

2. 이 사람은 왜 한국어 수업에 열심히 다녀요?

. . . .

3. 이 사람은 한국어를 잘 하고 싶어요. 그래서 무엇을 할 거예요?

. . . .

4. 이 사람의 꿈은 뭐예요?

. . . .

9. Lesen Sie den Text und beantworten Sie die Fragen.

안녕하세요, 정수 씨.

저 내일 베를린으로 돌아가요. 시간이 정말 빨리 지나갔어요. 사실 저는 정수 씨하고 더 많은 시간을 보내고 싶었어요. 도서관에서 같이 공부도 하고 저녁에 맥주도 마시고 싶었어요. 하지만 제가 용기가 없었어요. 그래서 물어보지 못 했어요. 정말 아쉬워요. 정수 씨가 보고 싶을 거예요. 건강하세요. 다음에 베를린에 놀러 오세요. 우리 꼭 다시 만나요.

라우라

Vokabelhilfe:

빨리: schnell
지나가다: vergehen
사실: eigentlich
보내다: verbringen
용기: Mut
물어보다: fragen
아쉽다: es schade finden
보고 싶다: vermissen

1. 라우라 씨는 누구에게 이 편지를 썼어요?

. . . .

2. 라우라 씨는 이 편지를 왜 썼어요?

. . . .

3. 라우라 씨는 정수 씨하고 무엇을 하고 싶었어요?

. . . .

10. Übersetzen Sie die Sätze ins Koreanische.

1. Ich möchte jetzt duschen.

. . . .

2. Michael möchte dieses Jahr die Universität abschließen.

. . . .

3. Ich möchte nächstes Jahr meinen Freund heiraten.

. . . .

4. Laura möchte in zwei Jahren eine Sprachschule in Korea besuchen.

. . . .

5. Thomas mochte viel verreisen.

. . . .

6. Yuna, ich werde dich vermissen.

. . . .

7. Ich war letztes Jahr in New York.

. . . .

8. Wir sind vor drei Monaten umgezogen.

. . . .

9. Was möchtest du dieses Wochenende machen?

. . . .

10. Ich möchte in fünf Jahren eine Stelle in einer koreanischen Firma bekommen.

. . . .

11. Was möchten Sie in den kommenden fünf Jahren machen? Schreiben Sie wie im Beispiel einen kurzen Text.

> **보기:**
>
> 저는 먼저 학교를 졸업하고 싶습니다. 그 다음에는 1년 동안 한국에서 살고 싶습니다. 한국에서 아르바이트를 하면서 한국어를 배우고 싶습니다. 한국 친구도 사귀고 싶습니다. 그 다음 독일에 돌아올 것입니다. 독일에서 취직을 하고 싶습니다. 3년 후에는 이사를 하고 싶습니다. 그리고 여행을 많이 하고 싶습니다.

Lektion 25

> Vokabelhilfe:
>
> 체코: Tschechien 늘리다: erhöhen 매운: scharf

I. Was passt?

1. 외국에 여행을 가요. 침대를 / 화분을 / 여권을 / 친구를 가져가요.
2. 외국에서 대학교를 다닐 거예요. 기타를 / 외국어를 / 자전거를 / 골프를 배워요.
3. 체코에 출장을 가요. 은행에서 돈을 보내요 / 환전을 해요 / 돈을 받아요 / 돈을 벌어요.
4. 음식을 너무 많이 먹었어요. 눈이 / 목이 / 감기가 / 배가 아파요.
5. 요즘 스트레스가 너무 많아요. 스트레스를 늘려야 해요 / 줄여야 해요 / 받아야 해요 / 있어야 해요.
6. 밖이 추워요. 옷을 예쁘게 / 멋있게 / 따뜻하게 / 춥게 입으세요.
7. 오늘 몸이 안 좋아요. 그래서 집에서 공부해요 / 요리해요 / 일해요 / 푹 쉬어요.
8. 목이 아파요. 그래서 뜨거운 / 맛있는 / 비싼 / 매운 차를 마셔요.
9. 저는 고기를 너무 많이 먹어요. 음료수를 / 사탕을 / 케이크를 / 채소를 더 많이 먹어야 해요.
10. 내일 우리 집에서 파티를 할 거예요. 그래서 오늘 음식을 먹을 거예요 / 안 할 거예요 / 준비할 거예요 / 볼 거예요.

2. Was passt?

Vokabelhilfe:
가정의학과: Allgemeinmedizin

1. 감기에 . . . .

☐ 걸렸어요 ☐ 있어요 ☐ 했어요

2. 오늘 머리가 너무 아팠어요. 그래서 . . . . 을/를 먹었어요.

☐ 맥주 ☐ 약 ☐ 초콜릿

3. 이가 아파요. . . . . 에 가야 해요.

☐ 내과 ☐ 가정의학과 ☐ 치과

4. . . . . 다쳤어요.

☐ 핸드폰을 ☐ 손을 ☐ 음식을

5. 열이 . . . .

☐ 났어요 ☐ 걸렸어요 ☐ 다쳤어요

6. 기침을 . . . .

☐ 나요 ☐ 해요 ☐ 걸려요

7. 침대에 . . . .

☐ 자요 ☐ 일어나요 ☐ 누워 있어요

8. . . . . 이 안 좋아요. 집에서 쉬어야 해요.

☐ 노트북 ☐ 몸 ☐ 새 집

9. . . . . 준비해야 해요.

☐ 시험을 ☐ 친구를 ☐ 외국을

10. . . . . 줄여야 해요.

☐ 머리를 ☐ 커피를 ☐ 외국어를

3. Formulieren Sie die Verben wie im Beispiel mit -아/어야 해요 um.

보기: 학교에 가다 → 학교에 가야 해요

1. 책을 읽다 → ....
2. 비가 오다 → ....
3. 시험을 준비하다 → ....
4. 약을 먹다 → ....
5. 물을 마시다 → ....
6. 한국어를 공부하다 → ....
7. 운동하다 → ....
8. 집이 있다 → ....
9. 수업을 듣다→ ....
10. 많이 걷다 → ....
11. 음식을 만들다 → ....
12. 편지를 쓰다 → ....
13. 키가 크다 → ....

4. Ergänzen Sie die Tabelle.

Infinitiv	-아/어야 합니다
가다	*가야 합니다*
먹다	
마시다	
공부하다	
운동하다	
있다	
듣다	
걷다	
만들다	
쓰다	
크다	

5. Suchen Sie den passenden Satz.

침대에 누워 있어야 해요.	생신 선물을 사야 해요.
공부해야 해요.	운동을 해야 해요.
청소를 해야 해요.	비자를 받아야 해요.
음료수를 사야 해요.	빨리 가야 해요.

1. 건강하고 싶어요. 어떻게 해야 해요?

....

2. 중국에 여행을 갈 거예요. 무엇을 해야 해요?

....

3. 파티를 할 거예요. 무엇을 해야 해요?

....

4. 어머니의 생신이에요. 무엇을 해야 해요?

....

5. 감기에 걸렸어요. 어떻게 해야 해요?

....

6. 수업에 늦었어요. 무엇을 해야 해요?

....

7. 내일 집에 손님이 와요. 무엇을 해야 해요.

....

8. 내일이 시험이에요. 무엇을 해야 해요?

....

6. Beschriften Sie den menschlichen Körper.

머리	배	발	무릎	귀	코	입
손	팔	다리	눈	어깨		

7. Was soll gemacht werden? Schreiben Sie eine Antwort!

1. 목이 아파요. 어떻게 해야 해요?

. . . .

2. 감기에 걸렸어요. 어떻게 해야 해요?

. . . .

3. 배가 아파요. 어떻게 해야 해요?

....

4. 기침을 해요. 어떻게 해야 해요?

....

5. 머리가 아파요. 어떻게 해야 해요?

....

6. 열이 나요. 어떻게 해야 해요?

....

7. 몸이 안 좋아요. 어떻게 해야 해요?

....

8. 다리를 다쳤어요. 어떻게 해야 해요?

....

9. 콧물이 나요. 어떻게 해야 해요?

....

8. Finden Sie den Fehler im Satz und korrigieren Sie ihn.

1. 몸이 좀 안 좋아요. 의사에 가야 해요.
2. 머리를 아파요.
3. 감기에 걸려요. 그래서 머리가 아파요.
4. 이를 아파요.
5. 친구를 다쳤어요.
6. 옷을 따뜻한 입어요.
7. 배가 아파요. 치과에 가야 해요.
8. 스트레스가 줄여야 해요.
9. 열이 나요. 그리고 콧물이 있어요.

9. 김경철 ruft die Handelsfirma 미래 an. Lesen Sie das Telefonat und beantworten Sie die Fragen.

직원: 안녕하십니까? *미래* 무역입니다.

김경철: 안녕하세요? 저는 김경철이라고 합니다. *미래* 무역 회사에 지원을 하고 싶습니다.

직원: 아, 네. 홈페이지에서 지원에 대한 안내를 읽으셨어요?

김경철: 네, 읽었습니다. 그런데 몇 가지 질문이 있습니다.

직원: 네, 말씀하세요.

김경철: 지원서를 언제까지 내야 합니까?

직원: 지원서는 이번 달까지 내셔야 합니다.

김경철: 우편으로 보내야 합니까?

직원: 네, 우편으로 보내셔야 합니다.

김경철: 졸업 증명서도 같이 내야 합니까?

직원: 네, 같이 내셔야 합니다.

김경철: 네, 알겠습니다. 감사합니다.

직원: 감사합니다.

Vokabelhilfe:

지원하다: sich bewerben
홈페이지: Homepage
지원: Bewerbung
-에 대한: über
안내: Information
몇 가지: einige
질문: Frage
지원서: schriftliche Bewerbung
-까지: bis
내다: abgeben
우편: Post
-으로: mit (Mittel)
졸업 증명서: Abschlusszeugnis

1. 김경철 씨는 왜 *미래* 무역 회사에 전화를 했습니까?

. . . .

2. 김경철 씨는 *미래* 무역 회사에 무엇을 내야 합니까?

. . . .

3. 언제까지 내야 합니까?

. . . .

10. Lesen Sie den Text und kreuzen Sie das Richtige an!

오늘은 회사에 처음 출근하는 날이었어요. 저는 어제 긴장을 많이 했어요. 그래서 잠을 잘 못 잤어요. 그래서 오늘 늦게 일어났어요. 저는 화장을 할 수 없었어요. 아침도 먹을 수 없었어요. 회사에 빨리 가야 했어요. 택시를 타야 했어요. 하지만 길이 막혔어요. 저는 택시에서 내렸어요. 뛰어야 했어요. 회사에 도착했어요. 하지만 엘리베이터가 고장이 났어요. 그래서 계단으로 올라가야 했어요. 사무실은 10층에 있었어요. 그래서 또 뛰었어요. 드디어 사무실에 도착했고 1분 후 과장님이 들어 오셨어요. «여러분, 좋은 아침입니다!»
휴, 정말 다행이에요.

Vokabelhilfe:

출근하다: zur Arbeit gehen　날: Tag　긴장을 하다: angespannt sein
화장을 하다: schminken　길이 막혔어요: es gab Stau auf der Straße
뛰다: rennen　도착하다: ankommen　고장이 나다: außer Betrieb sein
드디어: endlich　과장님: Teamleiter　다행이다: erleichtert sein / Glück haben

1. 이 사람은 오늘 회사에 처음 출근했어요. ☐ 네 ☐ 아니요
2. 이 사람은 일찍 일어났어요. ☐ 네 ☐ 아니요
3. 이 사람은 화장을 했어요. ☐ 네 ☐ 아니요
4. 이 사람은 아침을 못 먹었어요. ☐ 네 ☐ 아니요
5. 이 사람은 버스를 탔어요. ☐ 네 ☐ 아니요
6. 이 사람은 택시를 타고 회사 앞에서 내렸어요. ☐ 네 ☐ 아니요
7. 이 사람은 엘리베이터를 탔어요. ☐ 네 ☐ 아니요
8. 과장님이 먼저 도착했어요. ☐ 네 ☐ 아니요

11. Schreiben Sie, was 김경철 씨 heute machen muss.

해야 할 일
9:00 수업
11:00 시험
15:00 아르바이트
21:00 과제
22:00 부모님께 전화

Vokabelhilfe:
해야 할 일: zu erledigende Sache
아르바이트: Teilzeitjob
과제: Hausarbeiten
전화를 드리다: anrufen (Honorific)

김경철 씨는 오늘 무엇을 해야 합니까?

. . . .

. . . .

. . . .

. . . .

. . . .

. . . .

12. Übersetzen Sie die Sätze ins Koreanische!

1. Ich muss jetzt nach Seoul fahren.

. . . .

2. Ich muss in Korea bleiben.

. . . .

3. Nina soll zum Arzt gehen.

. . . .

4. Peter muss bis morgen die Hausarbeiten abgeben.

. . . .

5. Bis wann muss ich die E-Mail senden?

. . . .

6. Ich habe Kopfschmerzen.

. . . .

7. Gabi muss Stress verringern.

. . . .

8. Man soll mehr Gemüse essen.

. . . .

9. Ich muss mich auf eine Prüfung vorbereiten.

. . . .

10. Ich habe mir das Bein verletzt.

. . . .

Bildernachweis

- S. 19: Freepik: https://www.freepik.com/free-vector/colorful-collection-with-great-variety-avatars_125 8263.htm
- S. 31: Freepik: https://image.freepik.com/free-vector/colorful-collection-with-great-variety-of-avatars _23-2147668362.jpg
- S. 40: Vecteezy: https://static.vecteezy.com/system/resources/previews/000/243/138/large_2x/people-eating-at-restaurant-vector.jpg
- S. 40: Vecteezy: https://static.vecteezy.com/system/resources/previews/000/247/904/large_2x/vector-office-room-illustration.jpg
- S. 40: Vecteezy: https://static.vecteezy.com/system/resources/previews/000/215/028/large_2x/teacher-giving-quiz-vector.jpg
- S. 40: Vecteezy: https://image.freepik.com/free-vector/school-building_23-2147521232.jpg
- S. 40: Freepik: https://www.freepik.com/free-vector/people-doing-outdoor-activities-with-flat-design _2565197.htm#term=park&page=1&position=18
- S. 40: Freepik: https://www.freepik.com/free-vector/library-concept-4-flat-icons-square_2871133.htm #term=bibliothek&page=6&position=22
- S. 40: Freepik: https://www.freepik.com/free-vector/coffee-shop-building-facade-with-signboard_13 10934.htm#term=cafee%20shop&page=3&position=39
- S. 40: Freepik: https://image.freepik.com/free-vector/hospital-and-ambulance-building_3446-78.jpg
- S. 40: Freepik: https://image.freepik.com/free-vector/set-of-different-houses_23-2147909132.jpg
- S. 55: Freepik: https://image.freepik.com/free-vector/healthy-market_23-2147513302.jpg
- S. 55: Freepik: https://image.freepik.com/free-vector/movie-theater-red-seats-and-cimena-screen_23-2147494044.jpg
- S. 55: Vecteezy: https://static.vecteezy.com/system/resources/previews/000/236/670/
- large_2x/vector-gyeongbokgung-palace-postcard-gyeongbokgung-symbol-of-seoul-korea.jpg
- S. 55: Freepik: https://image.freepik.com/free-vector/bathroom-background-design_1294-83.jpg
- S. 66: Minseong Kim: https://commons.wikimedia.org/wiki/File:Seoul_Bus_Route_401.jpg
- S. 78-80: Freepik: https://www.freepik.com/free-vector/collection-shops-stores_2944651.htm
- S. 84: Al Silonov: https://commons.wikimedia.org/wiki/File:Trousers.jpg#/media/File:Trousers.jpg
- S. 93: Freepik: https://image.freepik.com/free-vector/variety-of-candies_23-2147511025.jpg
- S. 95-97: Freepik: https://www.freepik.com/free-vector/healthy-apple_800320.htm#term=apple&pag e=1&position=10

- S. 138: Freepik: https://www.freepik.com/free-photo/freezing-woman-rubbing-body_3299452.htm
- S. 138: Freepik: https://www.freepik.com/premium-photo/businessman-sweating-his-office_ 252855 8.htm
- S. 149: Freepik: https://www.freepik.com/free-photo/modern-senior-man-training-with-dumbbells_ 3516646.htm
- S. 149: Freepik: https://www.freepik.com/free-photo/couple-shopping-supermarket_2894896.htm
- S. 149: Freepik: https://www.freepik.com/free-photo/fathers-day-concept-with-father-daughter-listening-music_2120802.htm
- S. 149: Freepik: https://www.freepik.com/free-photo/senior-couple-having-breakfast-garden_38374 33.htm
- S. 149: Freepik: https://www.freepik.com/free-photo/senior-woman-drinking-cup-coffee-home_269 8554.htm

Themenverwandte Empfehlungen

Holmer Brochlos

Kurzgrammatik der koreanischen Sprache.

Grundlagen für Koreanisch als Fremdsprache

148 Seiten, ISBN 3-89657-402-7, 22,80 EUR

Holmer Brochlos' Darstellung der koreanischen Grammatik ist die erste ihrer Art im deutschsprachigen Raum. Kompakt, prägnant und leicht überblickbar erklärt er dem Koreanischlernenden wichtige Grundlagen und führt dazu einfache und griffige Beispielsätze an.

Auch behandelt er nachhaltig mehrere grammatische Aspekte, die von den anderen Grammatiken nicht ausreichend erläutert oder übergangen werden, für das Grundverständnis der Sprache aber essentiell sind (z.B. Personalpronomen, indirekte Rede, Passiv-Kausativ-Verben).

Tomomi Uchimura-Staiger

Kanji lernen und anwenden

Bd. 1 – Kanji 1-100 für die Schwierigkeitsstufe N5:

268 Seiten, ISBN 3-89657-400-0, 26,80 EUR

Bd. 2 – Kanji 101-200 für die Schwierigkeitsstufen N5-N4:

286 Seiten, ISBN 3-89657-401-9, 29,80 EUR

Hier werden auf klar strukturierte Weise 200 Kanji mit Angabe der entsprechenden Radikale sowie einer Anleitung für das korrekte Schreiben der Schriftzeichen vorgestellt. Man lernt sowohl die Kun- als auch die On-Lesung, d.h. die Kanji in ihrer ureigenen Bedeutung und wie sie zusammen mit anderen Zeichen neue Wörter bilden können. Ergänzend liefert die Autorin viele Beispielwörter und -sätze (keine bloßen Floskeln!). In den darauffolgenden Übungen kann man sein neu erworbenes Wissen anwenden.

Yi Zhou, Marion Rath

san rén xíng: Annas Sommer in Beijing

72 Seiten, ISBN 3-89657-450-7, 10,00 EUR

In den Sommerferien unternimmt Anna eine Reise nach China und verbringt einige Zeit bei ihrem Freund Zhang, Jie. Während ihres Aufenthalts begeht sie eine Reihe von Fehlern, die aus ihrer Unkenntnis über die chinesische Kultur resultierten. Zhang, Jie und seine Mitbewohnerin Frau Wang, Jiaying helfen Anna, die breite kulturelle «Kluft» zu überwinden.

Das Buch befriedigt die Nachfrage nach einfachen Lektüren, in denen nicht, wie in einem authentischen Text, jedes dritte Schriftzeichen nachgeschlagen werden muss. Vertiefende Übungen nach jedem Kapitel helfen dabei, das Gelesene einzuüben.

www.schmetterling-verlag.de